KB105571

비장소

초근대성의 인류학 입문

마르크 오제 지음
이상길·이윤영 옮김

비장소
초근대성의 인류학 입문

아카넷

NON-LIEUX

Introduction à une anthropologie de la surmodernité
by Marc AUGE

Copyright © Éditions du Seuil, 1992
Collection La Librairie du XXIe siècle, sous la direction de Maurice Olender.

프롤로그

일러두기

1. 이 책은 Marc Augé, *Non-Lieux : Introduction à une anthropologie de la surmodernité* (Paris: Éditions de Seuil, 1992)를 우리말로 옮긴 것이다. '영어판 서문'은, 이 책의 영역본인 Marc Augé, *Non-Places: An Introduction to Supermodernity* (translated by John Howe, London, New York: Verso, 1995)의 재판(2008년)이 나올 때 마르크 오제가 덧붙인 글이다.
2. 원본에 있는 각주의 경우 [원주]로, 영역본에 있는 각주의 경우 [영역본주]로 표기했다. 그 외 별다른 표시 없는 각주는 모두 역자들이 붙인 것이다.

자동차를 타기 전에 피에르 뒤퐁[1]은 현금인출기에서 돈을 약간 찾고자 했다. 카드를 기계에 넣자 1,800프랑을 인출할 수 있다는 표시가 떴다. 피에르 뒤퐁은 1,800을 가리키는 버튼을 눌렀다. 기계는 잠깐만 기다리라고 요구한 후 카드를 잊지 말라는 말과 함께 해당 금액을 내주었다. 피에르 뒤퐁이 지갑에 지폐를 담는 동안 "방문해주셔서 감사합니다"라는 문장이 떴다.

길 찾기는 어렵지 않았다. 일요일 아침에는 A 11번 고속도로를 타고 파리로 올라가도 아무런 문제가 없다. 그는 고속도로 입구에서 기다릴 필요가 없었고, 두르당_{Dourdan} 톨게이트에서는 신용카드로 통행료를 지불했으며, 외곽 순환로를 타고 파리를 돌아 A 1번 고속도로를 타고 [드골 공항이 있는] 루아시_{Roissy}로 갔다.

그는 공항에서 지하 2층(J구역)에 주차하고 주차카드를 지갑에 집어넣고 서둘러 에어 프랑스 체크인카운터로 갔다. 홀가분하게 가방(정확히 20킬로그램)을 부치고 나서 그는 직

---

1   이 짧은 이야기의 주인공 이름 '피에르 뒤퐁(Pierre Dupont)'은 현재 프랑스에서 가장 흔한 성(姓)과 이름의 조합이라고 할 수 있다. 『성서』의 베드로를 가리키는 '피에르'(영어에서는 '피터')의 경우, 2013년 기준으로 프랑스에 대략 540,000명의 피에르가 있다. 뒤퐁 또한 가장 대중적이고 익명적인 성 중 하나로서 프랑스에서 대략 53,000명 정도가 '뒤퐁'이란 성을 쓰고 있다. 이런 의미에서 이 가상의 이야기에서 마르크 오제가 지은 인물의 이름 역시 비장소와 이어져 있다고 할 수 있다.

원에게 비행기 표를 건네면서 통로 쪽 흡연좌석으로 해줄 수 있는지 물었다. 그녀는 미소를 지으면서 말없이 컴퓨터를 확인해 본 후 고개를 끄덕였고, 비행기 표와 탑승권을 건네주었다. "탑승은 18시에 B게이트에서 하시기 바랍니다"라고 그녀가 말했다.

그는 면세점에서 쇼핑을 좀 하려고 일치감치 보안검색을 마쳤다. 그는 꼬냑 한 병(아시아 고객들에게 줄 프랑스 기념품)과 시가 한 상자(개인적 소비)를 샀고, 영수증을 조심스럽게 신용카드와 함께 담았다.

그는 사치품(보석, 의류, 향수) 진열장에 잠시 시선을 던지고, 서점에 들러 잡지 몇 권을 뒤적거리다가 쉬운 책(여행, 모험, 스파이물) 한 권을 고른 후 다시 느긋하게 면세점 구역을 어슬렁거리기 시작했다.

그는 자유의 느낌을 즐기고 있었다. 이는 짐을 부쳐버려 홀가분하다는 사실 때문이기도 했지만, 더욱 은밀하게는, '할 일'을 다했고 탑승권도 받았고 신원도 확인했기 때문에 이제는 사건의 추이를 기다리기만 하면 된다는 확신 때문이기도 했다. "이제 루아시와 나와의 대결이다!"[2] 모험이 지속

---

2   "À nous deux, Roissy"라는 표현은 발자크의 소설 『고리오 영감』의 끝부분에 나오는 표현을 변형시킨 것이다. 소설에서 라스티냐크는 고리오 영감을 땅에 묻고 나서 파리를 내려다보면서 "À nous deux, Paris"라고 말한다. 박영근은 이 문장을 "이제부터 파리와 나와의 대결이야"라고 옮겼다. 오노레 드 발자

될 가능성이나 '무슨 일이 벌어지는지 지켜보는 것'말고는 더 할 것이 없다는 감정을 얼핏이라도 느낄 수 있는 우연과 만남의 온갖 장소, 미개척지, 미개간지, 작업장, (발자국이 자취도 없이 사라지는) 기차역 플랫폼과 대합실 등 어떤 불확실한 매혹이 남아 있던 곳은, 오늘날에는 서로 누군지 모른채 수천 명의 개인 여행객들이 서로 마주치며 지나가는 과밀장소에서가 아니었을까?

탑승은 별 문제 없이 이루어졌다. Z자가 기입된 탑승권을 소지한 승객들은 마지막에 입장하라는 권고가 있었고, 탑승구로 들어갈 때 그는 X자와 Y자 승객들의 가볍고 불필요한 몸싸움을 약간은 즐겁게 지켜보았다.

신문 배포와 이륙을 기다리면서 그는 항공사[에어 프랑스]의 기내잡지를 뒤적거렸고, 손가락으로 열성을 다해 가상의 여행 경로를 그려보았다. 헤라클리온, 라르나카, 베이루트, 다란, 두바이, 봄베이, 방콕···. 9,000킬로미터 이상 떨어져 있지만 눈 한 번 깜빡이면 충분했고 몇몇 지명은 가끔 최근 신문에 나오곤 했다. 그는 기내 면세품 가격 목록에 눈길을 돌리고 장거리 비행 시에는 신용카드로 지불할 수 있다는 점을 확인했고, 그가 다니는 회사에서 관대하고 현명하게 제공해준 좌석 덕분에 비즈니스석 승객에게만 제공되는 혜택

크, 『고리오 영감』, 박영근 역, 민음사, 1999/2010, 396쪽.

들을 만족스럽게 읽어 내려갔다. ("샤를 드골 제2청사와 뉴욕의 클럽 라운지에서 휴식을 취할 수 있고 국제전화, 팩스, 미니텔[3]도 사용할 수 있습니다… 한 사람 한 사람에게 지속적으로 관심을 갖고 서비스를 제공하는 것 이외에도, 장거리 여행 설비를 갖추고 있는 '에스파스 2000'의 새 좌석은 더 넓게 설계되었으며, 등받이와 머리 받침대를 각기 따로 조절할 수 있습니다…") 그는 '에스파스 2000' 좌석의 디지털 표시 제어판에 약간 관심을 갖다가 다시 기내지에 실린 광고에 빠져들었는데, 여기에는 최근 출시된 몇몇 자동차 모델의 공기역학적 외형에 대한 예찬이 있었고, "문명의 장소"와 같이 약간 거창하게 소개된, 전 세계에 체인이 있는 고급 호텔의 사진 몇 장이 실려 있었다. (마라케시[모로코]에 있는 라 마무니아 호텔은 "궁전이 되기 이전에 이미 궁전"이었고, 브뤼셀의 메트로폴 호텔에는 "19세기의 영광이 아직 살아 있다".) 그리고 그는 '르노 에스파스'라는, 자기 좌석과 이름이 같은 자동차 광고를 보았다. "어느 날, 공간의 필요성을 느낍니다. 이 생각이 불시에 우리를 사로잡고 놓아주지 않습니다. 자기만의 공간을 갖고 싶은 저항할 수 없는 욕망. 우리를 멀리 데려다주는 움직이는 공간. 모든

---

3 1980년 프랑스 정보통신부에서 개발한 정보검색 시스템. 모뎀을 통해 미니텔(Minitel)에 접속하면 온갖 다양한 정보에 접할 수 있었다. 1980년대와 1990년대에 주로 사용되었고, 2010년까지도 2백만 명 이상의 이용자가 있었으나, 인터넷이 점차 대중화되면서 2012년에 결국 서비스가 종료되었다.

비장소

것이 당신 손 아래 있고 부족한 것은 아무 것도 없습니다…"
요컨대 이 비행기에서와 같다. "공간은 이미 당신 안에 있습
니다… 땅 위에서든, 하늘에서든 이보다 더 좋았던 적은 없
습니다"라고 광고는 유쾌하게 끝나고 있었다.

*

비행기는 벌써 이륙하고 있었다. 그는 잡지를 더 빨리 넘
기며 「강의 영주, 하마」라는 기사를 잠시 훑어보았다. 이 기
사는 "전설의 요람" 및 "마술과 마법의 대륙" 아프리카를 상
기시키면서 시작되었다. 그리고 그는 볼로냐에 대한 르포르
타주("우리는 어디서나 사랑에 빠질 수 있지만, 볼로냐에서는 이
도시와 사랑에 빠진다")에 눈길을 던졌다. 일본 '비디오영화'에
대한 영어 광고("생생한 색채, 선명한 사운드, 논스톱 액션. 이
모든 것을 영구히 소장하세요")가 강렬한 색채 때문에 잠시 그
의 주의를 끌었다. 이날 오후 고속도로를 탈 때 라디오에서
들은 샤를 트르네의 후렴구 하나가 계속 그의 머릿속에 맴
돌고 있었고, "사진, 내 젊은 시절의 오래된 사진"[4]이란 구

---

4 여기서 언급된 구절은 프랑스의 가수 샤를 트르네(Charles Trenet)의 노래 "우
리 사랑에 무엇이 남아 있을까?(Que reste-t-il de nos amours?)"의 후렴구다.

절에 느끼는 자신의 감흥은 이후 세대에는 머지않아 아무 의미가 없게 될 거라고 혼잣말을 했다. 현재의 색채를 영원히 간직하는, 카메라 냉동실. 비자카드 광고 하나("두바이에서도, 당신이 여행하는 어디에서도 쓸 수 있습니다… 비자카드와 함께 마음 놓고 여행하세요")를 보고 그는 안심했다.

그는 서평란을 산만하게 훑어보다가 직업적 관심 때문에 『유럽마케팅』이란 저작에 대한 서평을 잠시 훑어보았다. "필수품과 소비 패턴의 동질화는, 새로운 국제적 기업 환경을 특징짓는 중대한 경향의 일부다… 유럽 기업에 대한, 유럽 마케팅의 유효성과 내용에 대한, 국제 마케팅 환경의 예측 가능한 전개상황에 대한 전 지구화 현상의 파급효과에 대한 검토에서 출발해서 수많은 논점에 대한 토론이 이루어졌다." 이 서평은 마지막으로 "가장 많이 표준화된 마케팅 믹스의 발전에 유리한 조건"과 "유럽 커뮤니케이션의 구성"을 환기시키고 있었다.

약간 졸려서 피에르 뒤퐁은 잡지를 다시 내려놓았다. "안전벨트를 매세요"란 표시등이 꺼져 있었다. 그는 수신기를 조정하고 5번 채널에 맞춘 후 요제프 하이든의 「C장조 1번

이 노래는 1942년 트르네 자신이 작사, 작곡을 했고 처음에는 다른 가수가 불렀다가 디 헤인 1945년 그가 식섭 불러서 유명해졌다. 트르네의 노래 중 가장 유명한 노래 중 하나다.

콘체르토」의 아다지오에 몸을 맡겼다. 몇 시간 동안, 즉 지중해와 아랍해, 벵골만을 날아갈 시간 동안, 그는 결국 혼자가 될 것이다.

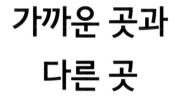

가까운 곳과
다른 곳

가까운 곳의 인류학에 대한 논의가 점점 더 늘어나고 있다. 파리의 '민예 및 민속 전통 박물관'에서 1987년 열린 콜로키움("사회 인류학과 프랑스 민족학[5]") 논문집은 1989년 『타자와 동포』란 제목으로 출간되었는데, 이 콜로키움은 다른 곳을

5 우리는 국내 인류학계에서의 일반적인 번역 용례를 좇아 'ethnologie'를 '민족학', 'anthropologie'를 '인류학'으로 옮겼으며, 'ethnologue'는 '민족학자'로, 'ethnographie'는 '민족지'로 옮겼다. (역자에 따라서는 'ethnologie'를 '종족학'이나 '인류학'으로, 또 'ethnographie'는 '문화기술지', '에쓰노그래피' 등으로 번역하기도 한다.) 오제에 따르면 민족학은 지역적인 것(le local)에 기반을 두고 특정 사회체계를 최대한 상세하게 기술하는 민족지들을 구축하는 작업이라면, 인류학은 구체적인 민족지들을 연결하면서 일반성을 구성하고 거대한 인간학적 매개변수들에 관한 성찰을 심화시키는 작업이다. 하지만 이 책에서 오제가 민족학과 인류학을 엄밀하게 구별해 쓰고 있지는 않은 것으로 보인다. 한편 'ethnie'의 경우, ('민족' 아닌) '종족'으로 옮겼다. 사실 '종족'은 '민족'이나 '인종' 개념과 명확한 구분이 어렵고 의미상 중첩된다. 그럼에도 인류학에서 종족은, 제2차 세계대전 이후 서구 학자들이 아프리카 등의 지역을 연구할 때 사용한 '부족'이나 '인종' 개념이 왜곡과 차별의 의미를 담고 있다는 반성으로부터 나온 대체어라는 점에 유념할 필요가 있다. 인종이 신체적, 생물학적 특징에 근거한 분류 범주인 반면, 종족은 혈통 외에도 언어, 종교, 역사의식, 물질생활의 전통 등과 같은 사회문화적 요소들을 중요한 특질로 삼고 있어서 인종과는 구별된다. 또한 민족은 18세기 이후 근대국가의 출현과 함께 등장한 정치적 구성물로서 혈연적·문화적·역사적 공동체의 경계가 국가의 주권이 미치는 경계와 일치하는 경우를 가리킨다. 따라서 종족은 민족과 달리 근대국가라는 정치적 공동체가 형성되지 않은 상태까지를 포괄하는 개념이라 할 수 있다. 이렇게 볼 때, 'ethnologie'는 '종족학'이라는 번역어가 좀더 적절할 수도 있겠으나, 이 책에서는 인류학계의 정착된 용어를 존중해 그에 따랐다. Marc Augé, *L'anthropologue et le monde global*, Paris, Armand Colin, 2013, 1장과 김광억 외, 『종족과 민족』, 아카넷, 2005 참조.

다루는 민족학자들과 이곳을 다루는 민족학자들의 관심이 수렴되고 있다는 사실에 주목했다. 이 콜로키움과 논문집은 1982년 툴루즈에서 열린 콜로키움("프랑스 민족학의 새로운 길들")에서 시작된 성찰과 뚜렷한 연속선상에 놓여 있고, 몇몇 저작 및 학술지 특별호들과 궤를 같이한다.

이렇게 말은 했지만, 종종 벌어지는 것처럼 새로운 관심, 새로운 연구 영역, 예기치 못한 관심의 수렴 등으로 확인된 사실이 부분적으로 오해에 기반을 두고 있는 것은 아닌지, 오해를 불러일으키는 것은 아닌지 명확하지는 않다. 가까운 곳의 인류학을 성찰하기 위해 선결되어야 할 몇 가지를 언급하는 것이 토론을 명료하게 하는 데 유용할 것이다.

인류학은 항상 여기와 지금의 인류학이었다. 지금 활동하고 있는 민족학자는 어딘가(그 순간 그의 여기)에 있는 사람이고, 바로 이 순간 그가 관찰하는 것, 그가 듣는 것을 기술記述하는 사람이다. 우리는 그 후에 항상 그의 관찰이 얼마나 정확한지, 그의 의도가 무엇인지, 그가 쓴 텍스트의 생산을 조건 짓는 선입견 및 다른 요인들이 무엇인지에 대해 질문을 던질 수 있다. 모든 민족학이 현재 벌어지고 있는 일의 직접적 증인을 전제한다는 사실은 남기 때문이다. 자기 것이 아닌 다른 증언, 다른 현장을 요청하는 이론 인류학자는, 민족학자의 증언에 의지하지 자신이 해석하려고 애쓰는 간접적 출처에 의지하지 않는다. 안락의사에 앉은 인류학자—우리 인류학자 모두가 때로는 이런 상태가 된다—마저도 [아카이브] 문서를 활용하는 역사학자와 구별된다. 머독의 파일[6]에서 우리가 찾는 사실은, 관찰이 잘 수행되었든 잘못 수행되었든 어쨌거나 [직접] 관찰된 사실이며, 이는 또한 '2차적' 인류학에서 다루는 항목들(인척관계, 가계도, 유산 등의 규칙)에 관한 것이다. 현장의 직접 관찰에서 멀리 떨어진 모든 것은 인류학에서도 멀리 떨어진 것이고, 역사가가 인류학적 관심이 있다고 해서 그가 인류학을 하는 것은 아니다. '역사인류학'이란 말은 최소한 모호한 표현이다. '인류학적 역사'라는 말이 이보다는 더 적합한 표현이다. 이와 유사하지만 전도된 예는, 인류학자—예컨대 아프리카 인류학자—가 특히 구어적 전통이 굳어진 역사에 의존할 수밖에 없는 상황에서 찾을 수 있다. 아프리카에서는 노인 한 명이 죽으면 "도서관 하나가 불타는 것과 같다"는 암파테 바 Hampaté Ba의 경구는 잘 알려져 있다. 그러나 정보제공자는, 나이가 많든 적든 우리와 대화하는 사람이고, 과거에 대해 말한다기보다는 과거에 대해 그가 아는 것, 그가 생각하는 것을 말하는 사람이다. 정보제공자는 그가 전하는 사건과

---

6   [영역본주] 미국의 인류학자 조지 피터 머독(George Peter Murdock)은 광범위한 민족지 답사를 수행한 후 '인간관계 영역 파일'을 만들었는데, 이는 때로 간단하게 '머독의 파일'이라 알려져 있다. 이 파일의 요약본은 그가 쓴 『세계 문화들의 개요(Outline of World Cultures)』(New Haven, 1963)에서 볼 수 있다.

동시대인이 아니지만, 민족학자는 발화행위뿐만 아니라 발화자하고도 동시대인이다. 정보제공자의 설명은 과거에 대해서 만큼이나 현재에 대해서도 가치가 있다. 인류학자가 역사적 관심이 있고 또 역사적 관심을 가져야 한다고 해도 그는 엄밀한 의미에서 역사가는 아니다. 이를 언급하는 이유는 인류학의 접근 방식과 대상을 정확히 규정하기 위해서다. 즉 카를로 긴즈부르그[8]나 자크 르 고프[9]나 엠마뉘엘 르루아 라뒤리[10] 같은 역사가의 작업이 인류학자에게 큰 이점이 있다는 점은 명백하지만, 이는 모두 역사가의 작업이다. 즉 모두가 과거에 대한 것이고 사료 연구에서 나온 것이다.

여기까지가 '지금'에 대한 언급이다. 이제 '여기'에 대해 언급해보자. 물론 유럽과 서구의 여기는, 예전에는 '식민지'로, 오늘날에는 '저개발국가'로 부르는 멀리 있는 다른 곳과의 관계에서 온전한 의미를 가지며, 이 멀리 있는 다른 곳이

7   카를로 긴즈부르그(Carlo Ginzburg, 1939~)는 이탈리아 역사가로서 미시사 및 미시사 방법론을 개척한 연구자다. 미술사 연구로도 유명하며, 우리나라에는 『치즈와 구더기』(김정하·유제분 역, 문학과지성사, 20001) 등이 소개되어 있다.

8   자크 르 고프(Jacques Le Goff, 1924-2014)는 프랑스 역사가로서 중세연구 및 심성사 연구로 유명하다. 우리나라에는 『연옥의 탄생』(최애리 역, 문학과지성사, 2000) 및 『서양중세문명』(유희수 역, 문학과지성사, 2008) 등이 소개되어 있다.

9   엠마뉘엘 르루아 라뒤리(Emmanuel Le Roy Ladurie, 1929~)는 프랑스 역사가 노시, 이닐힐끼 3세대를 대퓨하는 연구자 중 한 사람이며, 우리나라에는 『몽타이유』(유희수 역, 길, 2006)가 소개되어 있다.

영국 및 프랑스 인류학자의 우선적 연구대상이었다. 그러나 문제가 되는 바로 그것, 다시 말해서 가까운 곳의 인류학과 먼 곳의 인류학이 서로 다른 인류학이라고 사전에 전제했을 때만, 이곳과 다른 곳의 대립이 이 두 인류학을 대립시키는 출발점으로 사용될 수 있다. (이곳과 다른 곳의 대립은 유럽과 나머지 세계를 나누는 거대 분할 방식인데, 이는 영국축구가 번성했을 때 영국이 주최한 축구 경기들의 조직방식―'영국 대 나머지 국가'―을 떠오르게 한다.)

멀리 있는 현장이 닫혀버렸기 때문에 민족학자들이 유럽 안으로 후퇴하는 경향이 있다는 주장은 논란의 여지가 많다. 먼저 아프리카, 아메리카, 아시아에서 작업할 수 있는 실제적인 가능성들은 여전히 많다. 다음으로 인류학에서 유럽을 대상으로 작업하는 것은 [소극적인 이유가 아니라] 적극적인 이유 때문이지, 우리가 부득이한 인류학을 하는 것은 추호도 아니다. 이 적극적인 이유를 검토했기 때문에 우리는, 유럽 민족학의 가장 근대적인 몇몇 규정의 기반이 되는 '유럽/다른 곳'의 대립을 정확하게 재검토할 수 있게 되었다.

가까운 곳의 민족학이라는 문제 뒤에는 사실상 두 개의 질문이 뚜렷하게 나타난다. 첫 번째 질문은, '현 상태의 유럽 민족학이 멀리 있는 사회들을 대상으로 한 민족학 만큼의 세련화, 복잡성, 개념화를 갖고 있다고 주장할 수 있는가?'이다. 이 질문에 대한 답은 대개는 긍정적인데, 미래 지향적인 맥락에서 최소한 유럽 민족학자들에게는 그러하다. 이렇게 해서 마르틴 세갈렌Martine Segalen은 앞서 언급한 논문집에서, 유럽의 동일 지역에서 친족관계를 연구한 두 명의 민족학자가 이제부터는 "마치 아프리카의 동일 종족을 연구한 전문가들처럼" 서로 토론할 수 있게 되었다고 기뻐했다. 앤서니 코헨Anthony P. Cohen이 칭찬하기를, 토리Tory 섬에서 로빈 폭스Robin Fox가, 엘던Elmdon에서 마릴린 스트래선Marilyn Strathern이 수행한 친족관계 연구가, 한편으로는 "우리들" 사회에 작동하는 전략과 친족관계의 중심적 역할을 보여주고, 다른 한편으로는 현재 영국과 같은 나라에 공존하는 여러 문화의 복수성을 보여준다는 것이다.

따라서 이 첫 번째 질문을 이런 식으로 제기하면 당혹스럽다는 점을 인정해야 한다. 이는 극단적인 경우 유럽 사회의 상징화 능력이 얼마나 취약한지, 아니면 이를 분석하는 유럽 인류학자들의 자질이 얼마나 취약한지 의심하게 되기 때문이다.

이와는 파장이 전혀 다른 두 번째 질문은, '동시대 세계에 특징적으로 나타나는 사실, 제도, (직장, 여가, 거주의) 재편성 양태, 유통 양태 등이 인류학적 연구에 정당화될 수 있는가?'이다. 먼저, 이 질문은 유럽에 한해서만 제기되는 것은 아니다. 전혀 그렇지 않다. 예를 들어 약간이라도 아프리카 연구를 경험해본 사람은 누구나 다음의 사실, 즉 전반적인 인류학적 접근 모두가 상호작용하는 수많은 요인들—즉 각적 현실에서 생겨났지만, '전통적인 것'과 '근대적인 것'으로 나누어지지 않는 요인들—을 고려해야 한다는 점을 알고 있다. 이와 마찬가지로 임금노동, 기업, 스포츠-스펙터클, 미디어… 등과 같은 사회적 삶을 파악하려면 오늘날 반드시 인식해야만 하는 온갖 제도적 형태가 전 세계 모든 대륙에서 매일 훨씬 더 중요한 역할을 하고 있다는 사실은 잘 알려져 있다. 다음으로, 이 두 번째 질문은 첫 번째 질문의 관점을 완전히 바꾸어놓는다. 여기서 문제가 되는 것은 유럽이 아니라 동시대성 그 자체, 즉 가장 시사적인 현실에서 가장 공격적인, 또는 가장 거슬리는 측면들로 나타나는 동시대성 그 자체이기 때문이다.

따라서 방법에 대한 질문과 대상에 대한 질문을 혼동하지 않는 것이 아주 중요하다. 종종 하는 말처럼(레비스트로스 자신도 몇 번이나 강조한 것처럼), 우리의 연구 방법으로 통제할 수 있는 관찰 단위들을 분리해낼 수만 있다면 근대 세계에 대해서도 민족학적 관찰을 할 수 있다. 제라르 알타브Gérard Althabe가 생드니 지역과 낭트 외곽의 거대 주택단지 연구에서 계단의 통로와 계단의 수명에 얼마나 큰 중요성을 부여했는지—당시에 그는 자신이 정치인들에게 생각할 거리를 던져주었다는 사실을 몰랐을 것이다—는 잘 알려져 있다.

민족학적 탐사에는 여러 제약이 있지만 제약은 곧 탐사의 성공수단이기도 하다는 것, 민족학자는 자신이 알게 될, 또 자신을 알아보는 어떤 집단의 경계를 대충이라도 제한할 필요가 있다는 것은 현장연구를 하는 사람들이 피할 수 없는 명백한 사실이다. 그러나 이 사실에는 몇 가지 측면이 있다. 대화상대자와 효율적으로 접촉할 필요성과 방법의 측면이 그 하나다. 선택한 집단의 대표성이 또 다른 측면이다. 이는 사실상 우리에게 말을 하고 우리가 보는 사람들이, 우리와 말을 나누지 못하는 사람들과 우리가 보지 못하는 사람들에 대해 우리에게 말하고 있다는 것을 인식해야 하는 문제이기 때문이다. 처음부터 현장 민족학자의 활동은 사회적인 것을 측량하는 활동, 척도를 통제하는 활동, 축소된 비교학자의 활동이었다. 현장 민족학자는 필요에 따라 신속하게 조사해서 매개된 세계들을 탐구함으로써, 또는 사용할 수 있는 관련 문서들을 역사가로서 열람함으로써 의미를 가진 하나의 세계를 꿰어맞춰내기 때문이다. 자신과 다른 사람들을 위해서 그는, 자기가 말을 나누었던 사람들에 대해 말할 때 그가 말하고자 하는 사람이 어떤 사람인지 알고자 한다. 이 실제 경험적 대상의 문제, 대표성의 문제가 아프리카의 한 거대 왕국이나 파리 외곽의 한 기업에서 다르게 제기된다고 단언할 수는 없다.

여기서 두 가지를 언급할 수 있다. 첫 번째는 역사와 관련되고, 두 번째는 인류학과 관련된다. 이 두 가지 모두 자

비장소

기 연구이 경험적 대상을 설정히고, 그 길직 대표싱을 펑가하고자 하는 민족학자의 우려와 관련된다. 엄밀하게 말해서 이는 통계적으로 대표적인 표본들을 선별하는 문제가 아니라, 오히려 한 가계家系에 유효한 것이 다른 가계에도 유효한지, 한 마을에 유효한 것이 다른 마을에도 유효한지를 밝히는 문제이기 때문이다… '부족tribu'이나 '종족ethnie'과 같은 개념을 정의하는 문제는 바로 이런 지평에 놓여 있다. 이런 우려 때문에 민족학자는 미시사를 하는 역사가들과 유사해지면서 동시에 이들과 구별된다. 차라리 이렇게 말해보자. 민족학자들에게 초점을 맞추면, 미시사를 하는 역사가들 또한 자기가 분석하는 경우―예컨대 15세기 프리울리 지방의 한 방앗간 주인의 일생―의 대표성에 대해 질문을 던지지 않을 수 없을 때, 이들은 민족학자들과 동일한 우려를 갖게 된다. 그러나 역사가들이 대표성을 보증하기 위해 '흔적', '징후', '정상적 예외성'과 같은 개념에 의존하지 않을 수 없는 반면,[10] 현장의 민족학자는, 성실한 사람이라면, 그가 처

---

10 여기서 오제는 인류학의 특징을 미시사와 대비시켜가며 설명하는데, 그 사례로 제시한 긴즈부르그의 『치즈와 구더기』에 대한 언급에는 한 가지 착오가 있다. 『치즈와 구더기』에서 다루는 방앗간 주인 메노키오는 15세기가 아닌, 16세기의 인물이기 때문이다. 미시사의 대표적인 저작으로 꼽히는 이 책에서 긴즈부르그는 기독교의 창조론을 믿지 않고 치즈 속에서 구더기가 생겨나듯 신과 천사도 우주의 초기 물질에서 자연스럽게 생성되었다는 이단적인 주장을 했던 메노키오의 전기를 재구성한다. 이를 통해 긴즈부르그는 16세기 당

음에 관찰할 수 있다고 믿었던 것이 여기서 여전히 유효한지 아닌지를 약간 더 멀리 내다볼 수 있는 수단을 항상 가지고 있다. 이것이 현재에 대해 연구하는 이점이며, 역사가들이 항상 갖고 있는 본질적 이점—그 뒤의 전개과정을 안다는 것—에 대한 소박한 보상이다.

두 번째 또한 인류학의 대상에 관한 언급이지만, 이번에는 그 지적인 대상, 또는 다음의 표현이 낫다면, 민족학자의 일반화 능력에 관한 것이다. 명백한 것은, 한 마을의 일부에 대한 엄밀한 관찰이나 해당 주민에게서 나온 일정 수의 신화 모음집과, '친족관계의 기본적 구조'나 '신화학'에 대한 이론적 정교화 사이에 주목할 만한 진전이 있다는 점이다. 여기에 구조주의만 관련된 것은 아니다. 인류학의 주요한 접근방식 모두는 적어도 일정 수의 일반적 가설들을

시 지배계급의 문화와 민중문화 사이에 존재했던 상당한 간극과 복잡한 상호작용, 그리고 미디어로서의 책이 매개한 사유의 복합성을 드러낸다. 한편 '흔적traces', '지표indices', '정상적 예외성'은 미시사가 제시하는 방법론적 개념들이다. 마치 의사가 사소한 임상적 징후들에 대한 진단을 통해 환자의 병을 파악하듯이, 미시사 또한 작은 실마리와 흔적들을 바탕으로 역사적 실재를 추측하고 해석하는 '지표의 패러다임'에 기초한다. 나아가 그것은 지배권력의 관점에서 편향된 기록들로 재현되고 예외로 간주되는 연구대상이 사회 전체적인 맥락에서 보자면 오히려 '정상적'이라고 주장하면서, 메노키오와 같이 특이하고 개별적인 사례가 나름대로 대표성을 가진다는 점을 확인한다. 카를로 긴즈부르그, 『치즈와 구더기』, 김정하 유제분 역, 문학과 지성사 2001 및 『실과 흔적』 김정하 역, 천지인, 2011 참조.

비장소

지향했고, 이 가설들은 물론 독창적인 경우—주술, 결혼에 의한 동맹, 권력이나 생산관계 등의 이론—를 탐구함으로써 최초의 영감을 얻었지만, 단 하나의 경우를 광범위하게 넘어서는 문제들의 지형을 정교화하는 데 주의를 기울였다.

일반화하고자 하는 이런 노력들의 타당성에 대해 여기서 의견을 표명하지 않고 우리는, 민족학적 문헌의 구성 요소로서 이 노력들의 존재를 근거로 삼아, 적용 규모에 대한 논의가 이국적이지 않은 사회들과 관련해서 언급될 때는 연구의 한 특별한 측면인 방법에 관한 것이지 대상에 관한 것이 아니라는 것을 지적하고자 한다. 일반화나 비교를 전제하는 것은 경험적 대상이 아니고 하물며 지적, 이론적 대상도 아니다.

방법의 문제는 절대로 대상의 문제와 혼동될 수 없는데, 이는 인류학의 대상이 예컨대 마을의 일부나 마을 전체에 대한 남김 없는 기술記述이 결코 아니었기 때문이다. 이런 종류의 전문 저술들이 쓰여질 때면 저자는 자신의 연구를 아직은 불완전한 목록을 채우는 데 기여하는 것으로 제시하거나 대개는 최소한 경험적 차원에서 일반화의 윤곽을 그려낸다. 이 일반화는 다소간의 현장조사에 근거를 두고 이루어진 것이지만 한 종족 집단 전체에 적용할 수 있다. '가까운 동시대성'에 관해 우선적으로 제기되는 문제는, 어떤 아파트 단지, 어떤 기업, 어떤 바캉스클럽에서 현장조사를 할

가까운 곳과 다른 곳

수 있는지 할 수 없는지(잘 되든 아니든, 할 수는 있을 것이다) 또는 어떻게 하는지가 아니라, 오늘날 인류학적 탐구의 관할 영역에 속하는 동시대 사회적 삶의 측면들이 있는지 없는지를 아는 것이다. 친족관계, 결혼, 유산, 교환 등의 문제가 (경험적 대상으로) 먼저 주의를 끌고, 이후에 (지적인 대상으로서) 다른 곳의 인류학자들의 성찰 대상이 되는 것과 마찬가지다. 이 점에 관해서, 그리고 방법론적인 (물론 정당한) 염려와 관련해서는 대상의 전제조건이라고 부를 수 있는 것을 언급하는 것이 적절하다.

이 대상의 전제조건 때문에 가까운 동시대성의 인류학의 정당성에 관한 의심이 생겨날 수 있다. 루이 뒤몽Louis Dumont은 『타라스크[11]』의 재판 서문—마르틴 세갈렌이 『타자와 동포』에 부친 서문에서 인용한 바로 그 구절—에서 다음을 강조한다. 즉 여기서 우리가 경험적인, 지적인 대상의 변화라고 부르는, "주 관심사의 이동"과 "문제의식"의 변화 때문에 우리의 분과학문들은 단순하게 지식을 누적시키지 못하게 되고 "학문적 연속성까지 침식될" 수 있다는 점이다. 주 관심사가 변화했다는 예로서 뒤몽이 민간전승 연구에 맞서 특별히 상기시킨 것은 "프랑스에서 사회적 삶에 대해 더 포괄적이고 더 차별화된 파악 방식인데, 이런 관점에서 보면 전

---

11 프랑스 타라스콩 지역에 있는 전설적인 괴물상을 가리키는 용어.

근대적인 것과 근대적인 것, 예컨대 수공업과 산업이 절대적으로 구별되지 않는다."

어떤 분과학문의 연속성이 그 연구대상의 연속성과 비례하는지는 의문이다. 분명 이런 주장이 인간의 삶을 다루는 학문에 적용되면 의심스러워진다. 나는 뒤몽의 문장에 내포된 것처럼 인간의 삶을 다루는 학문들이 누적적인 특성이 있다고 생각하지 않는다. 연구가 끝나면 이 연구로 인해 새로운 연구대상들이 부각되기 때문이다. 내 생각에 뒤몽의 문장은 사회적 삶을 다루는 학문에서는 더 큰 논란거리가 되는데, 집단화나 위계화의 양태가 바뀌면 항상 사회적 삶이 영향을 받기 때문이다. 인간의 삶을 다루는 학문의 연구자가 발견한 대상과 공통점이 있는 새로운 대상이 이렇게 연구자의 주의를 끌게 된다. 이때 연구자는 최초에 작업한 대상을 없애버리지 말고 이를 복잡하게 만들어야 한다. 이렇게 말하는 것은 루이 뒤몽의 불안이 '지금 여기'의 인류학에 전념하는 연구자들에게도 반향이 있기 때문이다. 제라르 알타브, 자크 셰롱로Jacques Cheyronnaud, 베아트릭스 르 비타Béatrix Le Wita는 『타자와 동포』에서 이 불안을 드러내면서 "브르타뉴 사람들은 친척에게 빌린 돈보다 크레디 아그리콜[12]에서 빌린 돈에 더 많이 신경을 쓴다"라고 유쾌하게 지적한다. 그러나 이 표명 뒤에 다시 한 번 대상의 문제가 뚜렷하게 드러난다. 즉 (브르타뉴 사람들이 가계도를 완전히 무시한다는 것도 의심스럽지만) 왜 인류학은 브르타뉴 사람들의 가계도를 정작 브르타뉴 사람들보다 더 중요하게 생각해야 한단 말인가? 만약 가까운 동시대성의 인류학이 이미 만들어진 범주들에만 기반을 두어야 한다면, 여기서 새로운 대상들을 만들어내서는 안 된다면, 새로운 경험적 현장들에 접근해야 한다는 사실은 필요기보다는 단순한 호기심에 응답하는 처지로 전락하게 될 것이다.

＊

이 전제조건들 때문에 인류학적 탐구에 대한 적극적인 정의定義가 필요하다.[*] 여기서 두 가지 관찰에서 출발해서 인류학적 탐구를 정의해보자.

첫 번째 관찰은 인류학적 연구에 관한 것이다. 즉 인류학적 연구는 타자의 문제를 현재 시제로 다룬다. 타자의 문제는 인류학이 가끔 우연히 마주치는 테마가 아니다. 타자는 인류학의 유일한 지적 대상이며, 이 대상에서 출발해서 다양한 연구영역이 규정된다. 인류학은 타자를 현재 시제로

---

12   한국의 농협과 비슷한 프랑스 은행.

다루며, 이것만으로도 역사와 구별된다. 그리고 인류학은 타자를 동시에, 복수複數의 의미로 다루는데, 이 때문에 다른 사회과학과 구별된다.

인류학은 온갖 타자를 다룬다. 먼저, 동일하다고 가정된 '우리'—우리 프랑스인, 우리 유럽인, 우리 서구인—와 관련해서 규정되는 이국의 타자가 있다. 다음으로, 동일하다고 가정된 타자들 전체, '그들'—그들이란 말은 대개 종족의 이름으로 요약된다—과 관련해서 규정되는 타자들의 타자, 종족적 또는 문화적 타자가 있다. 세 번째로, 사회적 타자, 즉 차이들의 체계에 참조점으로 사용되는 내부의 타자가 있다. 이 차이들의 체계는 성별性別의 분리로 시작되지만, 또한 가족적, 정치적, 경제적 조건으로 서로 간에 각자의 자리를 규정하기 때문에 결과적으로 일정 수의 다른 체계를 참조하지 않고서는 체계 내의 위치—장남/장녀, 막내, 손아래, 사장, 고객, 포로…—를 말할 수 없다. 마지막으로, 바로 앞의 타자와 혼동될 수 없는 내밀한intime 타자가 있다. 이 내밀한 타자는 온갖 사유체계의 중심부에 현존하는 것으로, 이에 대한 보편적 표상은 절대적 개인성이란 사유 불가능하다는 사실에 부응한다. 즉 유전, 상속, 혈통, 유사성, 영향 등은 모두가 범주로서, 이 범주들을 통해 모든 개인성을 이루고 있는 보완적인 타자성을 파악할 수 있다. 사람personne의 개념, 병病의 해석, 주술 등을 연구한 온갖 문헌은, 민족학이 제기한 주요한 질문 중 하나가 민족학의 연구대상인 사람들에 의해서도 제기되었다는 사실을 증언한다. 다시 말해서 민족학은 이른바 필수불가결한 또는 내밀한 타자성에 관한 것이다. 민족학이 연구하는 체계들 속에서 사적인 타자성을 재현할 필요는 개인성의 중심부에 놓여 있고, 이 때문에 집단적 정체성의 문제와 개인적 정체성의 문제가 분리되지 않는다. 이것은 민족학자가 연구한 [연구대상자들의] 신념들의 내용 자체가 이를 기록하려고 만들어진 접근방식에 큰 영향을 끼칠 수 있음을 보여주는 주목할 만한 예다. 이는 단지 개인의 재현이 인류학자의 관심을 끄는 사회적 구성이기 때문이 아니라, 불가피하게 온갖 개인의 재현이 개인과 분리할 수 없는 사회적 관계의 재현일 수밖에 없기 때문이기도 하다. 마찬가지로 우리는 멀리 있는 사회를 연구한 인류학에 큰 빚을 지고 있고, 나아가 이 인류학의 연구대상이 된 개인들에게 다음의 발견에 큰 빚을 지고 있다. 사회적인 것이 개인과 함께 시작되며 개인 또한 민족학적 연구에 포함된다는 발견이 그것이다. 인류학에서 구체적인 것은 몇몇 사회학 유파가 규정한 구체적인 것과 정반대의 지점에 놓여 있는데, 이들은 온갖 개인적 변수가 제거된 거대한 규모의 차원에서 구체성을 파악할 수 있다고 생각했다.

마르셀 모스Marcel Mauss는 심리학과 사회학의 관계를 논하면서 민족학적 연구에 정당화될 수 있는 개인성의 정의에 중대한 한계를 설정했다. 『사회학과 인류학』의 아주 이상한 대목에서 그는 사실상 사회학자들이 연구한 인간이, 근대의 엘리트처럼 분할되고 억제되고 통제된 인간이 아니라 하나의 총체로 규정될 수 있는 평범한 인간 또는 시대에 뒤떨어진 인간이라고 주장한다. "특히 여성도 마찬가지지만, 우리 시대의 평균적 인간, 그리고 구식이거나 지체된 사회들에 사는 거의 모든 인간은 하나의 총체다. 평균적 인간은 최소한의 인식, 또는 최소한의 정신적 충격에 의해 자기 존재 전체가 영향을 받는다. 결과적으로 우리 근대 사회들의 엘리트와 관련 없는 모든 것을 다룰 때는 이 '총체성' 연구가 핵심이다."(마르셀 모스, p.306) 구체적인 것이 완전한 것이라고 생각하는 마르셀 모스의 눈에 총체성의 이념이 얼마나 중요했는지는 잘 알려져 있지만, 총체성의 이념은 개인성의 이념을 제한하고 어떤 의미로는 손상시킨다. 더 정확하게 말해서 그가 생각한 개인성은 한 문화를 대표하는 개인성, 전형적 개인성이다. 총체적인 사회 현상에 대해 그가 수행한 분석에서 이를 보여주는 예증이 있다. 레비스트로스가 「마르셀 모스 저작 입문」이란 글에서 주목한 것처럼, 총체적인 사회 현상에 대한 해석에는 불연속적 측면들 전체—가족적, 기술적, 경제적 측면 중 어떤 것도 분석의 배타적 기반으로 사용될 수 있다—가 포함되어야 할 뿐 아니라, 이를 경험하는 토착민 누구라도 가지고 있고 또 가질 수 있는 관점이 포함되어야 한다.[13] [모스에 따르면] 총체적인 사회적 사실fait social total의 경험은 이중적으로 구체적이다(그리고 이중적으로 완전하다). 다시 말해서 시공간 속에 구체적 위치를 가지고 있는 한 사회의 경험이면서, 동시에 이 사회에 속하는 평범한 개인의 경험이기도 하다. 단지 이 개인이 아무나가 아닐 뿐이다. 즉 이 개인은 사회와 동일시되고 이 사회의 표현에 불과할 뿐이다. 평범한 개인 **한** 명이란 말이 무슨 뜻인지를 제시하기 위해 모스가 정관사를 써서 예컨대 "이런 저런 섬의 멜라네시아인le Mélanésien/the Melanesian"이라고 언급한다는 점은 시사적이다. 앞서 인용한 텍스트는 바로 이 점을 분명하게 해준다. [정관사로 표시된] 멜라네시아인이 총체적인 이유는 멜라네시아인이 "신체적, 생리적, 심적, 사회적" 등의 다양한 개인적 차원으로 파악될 뿐만 아니라 하나의 전체로 간주된 어떤 문화 자체의 표현, 즉 종합된 개인성이기 때문이기도 하다.

바로 이 문화와 개인성이라는 개념에 대해 많은 말을 할 수 있다. (그리고 여기저기서 이미 꽤 많은 말을 했다.) 문화와 개인성이 어떤 측면, 어떤 맥락에서 서로를 가리키는 상호적 표현으로 규정될 수 있는가 하는 사실은 사소하지만 어

---

13   Claude Lévi-Strauss, "Introduction à l'œuvre de Marcel Mauss", in Marcel Mauss, *Sociologie et anthropoligie*, Paris, PUF, 1966, pp. IX-L11.

쨌거나 아주 흔하게 벌어지는 인터서, 우리는 에컨데 이무개가 브르타뉴 사람이다, 영국인이다, 오베르뉴 사람이다, 독일인이다라고 말할 때 사용한다. 이른바, 자유로운 개인들의 반응을 통계적으로 유의미한 표본에서 출발해서 파악할 수 있으며 심지어 예측까지 할 수 있다는 것은 더 이상 놀라운 일이 아니다. 우리는 단지 그동안 절대적이고 단일하며 실체적인 정체성을 의심하는 법을, 집단적 차원에서도 개인적 차원에서도 배웠을 뿐이다. 문화들은 푸른 숲과 같이 "작용하지만", (외재적인, 그리고 내재적인 이유 때문에) 결코 완성된 총체성을 이루지는 못한다. 그리고 개인들은, 우리가 아무리 개인들이 단순하다고 생각해도 결코 단순하지 않아서 이들에게 자리를 부여하는 [기성의] 질서와 거리를 두게 된다. 다시 말해서 개인들은 일정한 각도로 볼 때에만 총체성을 표현한다. 게다가 기성의 모든 질서는 의심스러운 특성을 갖고 있기 때문에 아마 개인적 주도권이라는 최초의 충격 없이는 (전쟁, 반란, 갈등, 긴장 상황에서) 절대로 그 모습 그대로 나타나지 않을 것이다. 시간과 공간 속에 정확한 위치를 갖고 있는 문화도, 문화를 구현하고 있는 개인들도 정체성의 기준면을 규정하지 못하며, 이 기준면을 넘게 되면 더 이상 어떠한 타자성도 사유할 수 없을 것이다. 물론 주변부에서 이루어지는 문화의 '작용'이나 제도적 체계들 내부에서 개인적인 전략들을 어떤 (지적인) 연구대상들을 규정하는

데 고려해서는 안 된다. 때로 잘못된 신념이나 근시안 때문에 이에 관한 토론과 논란이 질곡을 겪었다. 예를 들어 규칙을 존중하는지 존중하지 않는지, 경우에 따라 규칙을 교묘히 피할 수 있는지 위반하는지 등의 사실은 진정한 연구대상을 구성하는 온갖 논리적 함의의 고찰과 아무 상관이 없다는 점만을 주목해보자. 이와 반대로 변형, 변화, 간극, 주도권, 위반 등의 과정에 대한 고찰을 통해 이루어지는 다른 연구대상도 있다.

최소한 무엇에 대해 말하고 있는지만 알면 충분하고, 여기서 다음의 사실, 즉 인류학적 연구가 어떤 수준에서 적용되든 이 연구의 목적은 다른 사람들이 서로 다른 수준에서 타자의 범주에 대해 생각해낸 해석을 해석하는 것이란 점만 확인하면 충분하다. 이 서로 다른 수준에 의해 타자의 장소가 규정되고 타자의 필요성이 강제되는데, 종족, 부족, 마을, 가계家系 등이 그렇고, 혈통의 정체성을 인척관계의 필요성에 종속시킨다고 알려진 혈연관계의 기본 단위에 이르기까지 재통합의 다른 모든 양태 등이 그렇다. 마지막으로 개인이 있는데, 온갖 제의祭儀적 체계는 개인을 타자성으로 빚어진 혼합체로 규정하며, 서로 대립하는 양태로서 왕의 형상과 마법사의 형상이 그런 것처럼, 개인은 문자 그대로 사유할 수 없는 형상이다.

두 번째 관찰은 더 이상 인류학에 대한 것이 아니라 인류학이 자기 연구대상을 발견하는 세계, 더 구체적으로는 동시대 세계에 대한 것이다. 이것은, 루이 뒤몽이 우려한 것처럼 이국적 현장에 진력이 나서 학문적 연속성의 상실을 무릅쓰고 훨씬 익숙한 현장으로 돌아선 인류학이 아니라, 가속화된 변모 때문에 인류학적 시선視線이 필요한, 다시 말해 타자성의 범주에 대한 새로운 방법론적 성찰이 필요한 동시대의 세계 그 자체다. 이 변모 중 세 가지에 대해 특별한 관심을 기울이고자 한다.

첫 번째 변모는 시간 및 시간에 대한 우리의 지각과 관련이 있지만, 우리가 시간을 사용하는 용도나 시간을 처리하는 방식과도 관련이 있다. 상당수의 지식인은 오늘날의 시간을 더 이상 명료성intelligibilité의 원리로 파악하지 않는다. 이후가 이전에 따라 설명될 수 있음을 내포한 진보의 이념은, 어떻게 보면 19세기 대양의 횡단과 함께한 희망과 환영이 사라졌을 때 20세기의 암초 위에서 좌초했다. 솔직히 말해 진보의 이념이 의문시된 것은 서로 뚜렷이 구별되는 다음 몇 가지 사실을 전거로 삼는다. 두 차례의 세계대전, 전체주의, 집단학살 정책 등에서 드러난 잔혹성은 인류의 도덕적 진보를 증명하지 않는다―우리는 최소한 이렇게는 말할 수 있다―는 점이다. 다른 하나는, 거대서사들의 종말, 즉 인류 전체의 진화를 해명한다고 주장했지만 성공하지 못한 거대 해석체계들의 종말이고, 이와 마찬가지로 이것들

중 몇몇에 공식적으로 영감을 받은 정치체제들의 탈선과 소멸이다. 마지막으로, 이 모든 것 이상으로 역사가 의미를 담지하고 있다는 것에 대한 의심, 또는 이렇게 말할 수 있다면, '되살아난' 의심이 있다. 이는 기이하게도 폴 아자르[14]의 의심을 떠올리게 하는데, 그는 17세기와 18세기의 전환기에 일어난 고근대논쟁la querelle des Anciens et des Modernes[15]의 동기, 그리고 유럽의식에 위기를 초래한 동기가 바로 이 역사에 대한 의심에 있다고 믿었다. 그러나 퐁트넬Fontenelle이 역사를 의심했을 때, 그의 의심은 본질적으로 역사의 방법에 관한 것—지엽적이고 신뢰할 수 없다—이었고, 역사의 대상—과거는 단지 인간의 광기만을 말해준다—에 대한 것이었으며, 역사의 유용성—젊은이들에게 이들이 어떤 시기에 살고 있는지를 가르쳐주는 것—에 대한 것이었다. 오늘날 역사가들이 특히 프랑스에서 역사를 의심한다면, 이는 기술적 이유나 방법상—역사가 과학으로서 진보하기 때문에—의 이유 때문이 아니라, 근본적으로는 시간으로 명료성의 원리를 만

---

14 폴 아자르(Paul Hazard, 1878-1944)는 프랑스의 역사가이자 저술가로서 여기서 오제가 언급한 저서는 1935년에 출간된 『유럽의식의 위기: 1680-1715』다. 우리나라에도 이 저작(폴 아자르, 『유럽의식의 위기』, 조한경 역, 지만지, 2008) 등이 소개되어 있다.

15 └ 지인들이 르네상스에 고대를 재발견하면서 프랑스 문학계에서 일어난 고대 옹호론자들과 근대옹호론자들 간의 논쟁.

드는 데 어려움을 겪고 있기 때문이고 나아가 시간 속에 정체성의 원리를 새겨 넣기가 어렵기 때문이다.

따라서 몇몇 주요한 '인류학적' 테마(가족, 사생활, 기억의 장소)에 특권이 부여될 수밖에 없다. 이런 연구는 옛날 형식 때문에 독자의 취향에도 잘 들어맞는데, 마치 이 옛날 형식은 우리 동시대인들에게 우리가 더 이상 그렇지 않은 모습을 보여줌으로써 우리가 지금 어떤지를 말하고 있는 것 같다. 피에르 노라Pierre Nora만큼 이런 관점을 잘 표현한 사람도 없는데, 그는 『기억의 장소』 1권에 부친 서문에서 다음과 같이 썼다.[16] 그가 간명하게 말하기를, 우리가 증언, 사료, 이미지, "과거에 있었던 것을 보여주는 온갖 가시적인 기호" 등의 세심한 축적을 통해 찾는 것은 지금 우리가 [과거와] 다르다는 것이고 "이 차이의 광경에서 찾을 수 없는 정체성의 갑작스러운 표출을 찾고자 한다. 이제는 기원을 찾는 것이 아니라, 우리가 더 이상 그렇지 않은 것에 비추어 우리가 지금 어떤가를 알아내는 것이다."

이 전반적 관찰은 또한 제2차 세계대전 직후에 번성한 사르트르적인, 마르크시즘적인 참조―설명과 분석이 끝난 후 이들에게 보편적인 것은 특수한 것의 진리였다―의 소멸에

---

16 피에르 노라, "기억과 역사 사이에서", 피에르 노라 외, 『기억의 장소 1 공화국』, 김민중 외 역, 나남, 2010, 31-67쪽.

부응하며, 또한 다른 많은 것 이후에 우리가 탈근대적 감수성이라 부를 수 있는 것에 부응한다. 이 감수성에 따르면 하나의 유행은 다른 유행만큼 가치가 있으며, 유행들의 잡동사니는, 진보와 비슷한 부류에 속하는 진화의 달성으로서 근대성의 소멸을 뜻한다.

이 테마는 끝없이 전개될 수 있지만, 우리가 일상적으로 확인하게 되는 아주 진부한 관찰, 즉 '역사가 갈수록 빨리 간다'는 것에서 출발해 시간의 문제를 다른 관점에서 고찰할 수 있다. 우리가 약간 늙어갈 겨를이 생기자마자 우리의 과거는 역사가 되고 우리의 개인사는 역사에 속하게 된다. 내 나이 또래의 사람들은 유년시절과 청년시절에 1914-1918년[제1차 세계대전]의 옛 군인들이 품고 있던 일종의 침묵 어린 향수를 목격했다. 이 향수는 옛 군인들이 바로 역사—얼마나 끔찍한 역사인가!—를 겪었으며 또한 이 말이 무슨 뜻인지를 우리는 결코 진정으로 이해할 수 없다고 말하는 것 같았다. 오늘날 최근의 연대, 즉 1960년대, 1970년대, 그리고 이윽고 1980년대[17]는 이 시간들이 역사에 나타났던 것만큼이나 빠르게 역사로 편입된다. 역사는 바로 우리 발뒤꿈치에서 우리를 쫓아온다. 역사는 마치 그림자나 죽음처럼 우리를 쫓아온다. 역사는 곧 많은 사람에게 사건

17   참고로 프랑스에서 『비장소』는 1992년에 출간되었다.

으로 인식된 일련의 사건(비틀즈, 프랑스 68혁명, 알제리 전쟁, 베트남 전쟁, 1981년 미테랑 집권, 베를린 장벽 붕괴, 동구권 국가들의 민주화, 걸프 전쟁, 소비에트 연방의 해체)을 뜻한다. 역사는 또한 내일 또는 모레의 역사가의 눈에도 중요하다고 생각할 수 있는 사건, 다시 말해서 여기서 우리가 차지하는 몫이 '워털루의 파브리스'[18]만큼이나 무가치하다는 것을 우리가 온전히 의식하고 있어도, 우리 각자가 몇몇 정황이나 몇몇 특별한 이미지를 부여할 수도 있는 사건을 뜻한다. 마치 역사를 만드는 사람들—사람이 아니라면 누구겠는가?—이 자기도 모르게 역사를 만들고 있다는 점이 매일매일 조금씩 더 거짓이 되어가는 것 같다. 매일매일 좁아지고 있는 지구—이 문제는 다시 다루게 될 것이다—에서 동시대 역사가에게 문제가 되는 것은 바로 이 과잉surabondance이 아닐까?

이 점을 더 명확히 해보자. 사건은 항상 역사가들에게 문제를 일으켰는데, 이들은 사건을 역사의 거대한 운동 속에 집어넣어 파악하려 했고, 또 사건을 이전과 (이 이전의 발전

---

18 파브리스는 스탕달의 소설 『파르마의 수도원』의 주인공이다. 주로 19세기 초를 배경으로 한 이 소설의 거의 시작 부분에서 이탈리아 귀족출신 파브리스는 단독으로 나폴레옹 군대에 합류하려고 벨기에까지 갔다가 온갖 우여곡절을 겪게 된다. 그리고 평원에서 길을 잃고 헤매다가 우연히 네이 원수를 부르는 이름을 듣고 자신이 워털루 전투 한가운데 있다는 것을 깨닫는다. '워털루의 파브리스'란 표현은 자기도 모르게 역사적 사건에 참여하고 있다는 뜻이다.

으로 파악한) 이후 사이에 순전한 중복으로 간주했기 때문이다. 논란을 넘어서, 바로 이것이 대표적 사건인 프랑스 혁명에 대해 프랑수아 퓌레François Furet가 제안한 분석의 의미다. 퓌레는 『혁명을 생각한다』에서 우리에게 무슨 말을 하고 있는가? 혁명이 터지던 날부터 혁명적 사건은 "역사적 행위의 새로운 양태를 설립하며, 이는 이 상황의 세부목록에 기입되지 않는다." 혁명적 사건―그러나 프랑스 혁명은 이런 의미에서 모범적 사건이다―은, 이 사건을 가능하게 하고 사후에 이해할 수 있게 만든 요인들의 총합으로 환원될 수 없다는 것이다. 퓌레의 분석을 프랑스 혁명이란 유일한 사례로만 제한하는 것은 잘못일 것이다.

사실상 역사의 '가속화'는 경제학자, 역사가, 사회학자가 대개는 예측할 수 없었던 사건들의 증식과 부합한다. 문제가 되는 것은 사건의 과잉이지, (규모에서 전례가 없지만 기술 때문에 가능했던) 20세기의 수많은 잔혹행위나 (역사가 수많은 예를 제공한) 지적 패러다임의 변동이나 정치적 급변이 아니다. 이 과잉은 한편으로는 정보의 과잉을, 다른 한편으로는 몇몇이 오늘날 '세계체제système-monde'라고 부르는 것의 전례 없는 상호의존성을 고려함으로써만 온전히 파악할 수 있다.[20] 그러나 이 과잉은 논란의 여지없이 역사가, 특히 동시대를 다루는 역사가―이 명칭은 지난 몇 십 년간 벌어진 사건의 두께가 너무 촘촘해서 의미를 잃을 위험에 치이게 되었다―에게 문제를 제기한다. 그러나 정확히 이 문제는 본래 인류학적인 것이다.

퓌레가 프랑스 혁명의 역동성을 어떻게 사건으로 규정하는지 귀 기울여보자. 그에 따르면 "사람들의 동원 및 사태에 대한 행위를 증폭시킨 프랑스 혁명의 힘이 의미의 과잉 투여를 통해 이루어졌다고 말하기 위해" 이 역동성을 "정치적, 이데올로기적, 또는 문화적 역동성이라 부를 수 있다."(p.39) 그런데 인류학적 연구에 모범적으로 정당화될 수 있는 이 의미의 과잉 투여는 동시대 수많은 사건이 증언하는 것이기도 하다. (그 대가로 많은 모순이 발생해서 우리는 모순의 전개를 끝없이 지켜보게 된다.) 분명 이 동시대의 사건 중 하나는 그 누구도 몰락을 예측하지 못했던 체제들이 눈 깜짝할 순간에 무너지는 것이다. 그러나 아마 이보다 더 좋은 예는 자유국가들의 정치적, 사회적, 경제적 삶에 타격을 주는 잠재적인 위기의 경우인데, 이에 대해 우리는 자기도 모르는 사이에 의미의 측면에서 말하는 습관이 있다. 세계에 의미가 없거나 적거나 또는 이전보다 덜하다는 점이 새로운 것이 아니라, 우리가 세계에 의미를 부여할 일상적 필요를 분명하고 강렬하게 느끼고 있다는 점이 새로운 것이다. 우

19 여기서 오제는 마르크스주의 경제사가 이매뉴얼 월러스틴(Immanuel Wallerstein)이 주창한 '세계체제론'을 암시하고 있다.

리는 이런 마을, 이런 가계家系에 의미를 부여하지 않고 세
계에 의미를 부여한다. 현재, 아니면 과거에 의미를 부여할
필요는 사건의 과잉 때문에 치르는 대가인데, 이 사건의 과
잉은, 그 본질적 양태인 과도함l'excès을 설명하기 위해 우리
가 '초근대성'[20]이라고 부를 수 있는 상황에 부합한다.

왜냐하면 시간은 현재뿐만 아니라 가까운 과거까지 가로
막고 있는 수없는 사건으로 과부하가 걸리게 되고, 우리들
각각은 바로 이런 시간을 사용하고 있거나 또는 사용한다고

---

20 우리는 여기서 'moderne'와 'modernité'를 '근대적', '근대성'으로, 또
'surmoderne'와 'surmodernité'는 '초근대적', '초근대성'으로 각각 옮겼
다. 사실 'moderne'라는 말은 '새로운 것', '지금 진행되고 있는 것'이라는 뜻
을 갖기 때문에 '현대적'으로도 번역할 수 있다. 그런데 '근대적' 및 같은 계
열의 용어들을 선택한 이유는 국내 학계에서 그 번역어들이 일반화되어 있
기 때문이기도 하지만, 무엇보다도 저자가 'modernité'를 사라진 것(55쪽)
으로 보기 때문에 '현대적'이라는 용어가 적절치 않다고 판단했기 때문이
다. 한편 'surmodernité'를 '초근대성'으로 옮긴 것은, 오제가 그 개념에 부
여하고 있는 핵심 특징인 '과도함'을 나타내는 데 어떤 선을 넘어섰다는 뜻
의 '초(超)'라는 용어가 가장 적합하다고 여겨서이다. 다만 그가 'sur-'라는
접두어에 '과도함' 외에 '중층'의 의미를 담고 있다는 점을 지적해둘 필요
가 있다. 오제는 영역본의 번역어인 'supermodernity'보다는 차라리 'over-
modernity'라는 표현이 적절하다면서, 'sur-'가 정신분석에서 나온 '중층결
정(surdétermination, over-determination)'과 같은 맥락에서 쓰인 접두어라
고 말한다. 그가 'surmodernité'와 동전의 양면이라고 보는 'postmodernité'
는 '탈근대성'으로 옮긴다. Marc Augé, "Non-Places," in A. Read (Ed.),
Architecturally Speaking: Practices of Art, Architecture, and the Everyday,
London, Routledge, 2000, pp. 7-12 참조.

믿기 때문이다. 주목해야 할 점은, 이 때문에 우리가 더 많은 의미를 요구하게 된다는 점이다. 기대수명의 연장, 3세대가 아닌 4세대가 공존할 가능성으로의 이행 때문에 사회적 삶의 차원에서 점차 실제적인 변화가 생겨나게 된다. 그러나 동시에 이 때문에 집단적, 가계적家系的, 역사적 기억이 확장되고, 개인사와 전체사가 교차하며 전체사가 개인사와 연관되어 있다는 감정을 갖게 될 기회가 각 개인에게 늘어나게 된다. [더 많은 의미에 대한] 개인의 요구와 좌절은 바로 이 감정의 강화와 이어져 있다.

따라서 우리는 바로 이 과도함의 형상―시간의 과도함―으로 먼저 초근대성의 상황을 규정하려 한다. 이 형상이 상황의 모순 때문에라도 탁월한 관찰 현장과 온전한 의미의 인류학적 연구 대상을 제공해준다는 것을 암시하면서 말이다. 초근대성에 대해서는, 초근대성이 동전의 앞면이며 탈근대성postmodernité은 그 뒷면일 뿐이라고, 즉 부정성의 긍정성이라고 말할 수 있다. 초근대성의 관점에서 시간을 사유하기 어려운 이유는, 동시대 세계의 사건의 과잉 때문이지 오래전부터 제대로 작동하지 못한 진보의 이념―최소한, 그 희화화된 형태 때문에 이를 비난하는 일이 아주 쉬워졌다―이 몰락했기 때문은 아니다. 임박한 역사라는 테마, 바로 발뒤꿈치에서 우리를 따라오는 역사(우리의 일상적 생존 어디에나 내재된 역사)라는 테마는, 역사가 의미를 갖고 있는가 아닌가라는 테마의 전제조건으로 나타난다. 왜냐하면 현재 전체를 이해하고자 하는 우리 자신의 요구로 인해 우리가 가까운 과거에 의미를 부여하기가 어렵기 때문이다. 또한 동시대 사회의 개인들에게 나타나는, 의미에 대한 적극적 요구―민주주의적 이상이 아마도 그 본질적 측면이다―는 때로는 의미의 위기를 보여주는 기호라고 해석된 현상들과, 지구상에서 온갖 환멸을 느낀 사람―예컨대 사회주의에, 자유주의에, 곧이어 공산주의 이후에 환멸을 느낀 사람―의 실망을 역설적으로 설명해주기 때문이다.

동시대 세계 특유의 가속화된 두 번째 변모, 초근대성에 특징적으로 나타나는 과도함의 두 번째 형상은 모두 공간과 관련된다. 공간의 과도함은 우선, 여기서 약간은 역설적으로, 지구가 축소되었다는 사실의 귀결이라고 말할 수 있다. 우리 자신과의 거리취하기는 우주비행사들의 활약 및 우리가 쏘아올린 위성들의 순환에 대응하기 때문이다. 어떤 의미에서는 우주 공간에 내딛은 인류의 첫 걸음 때문에 우리의 공간은 극도로 작은 점으로 축소되었고, 위성 사진은 우리의 공간에 정확한 척도를 제공해준다. 이와 동시에 세계가 우리에게 열리게 된다. 우리는 규모가 변하는 시기에 살고 있는데, 이는 물론 우주 정복과 관련되지만 지구에 대해서도 마찬가지다. 우리는 빠른 이동 수단 덕분에 어떤 나라의 수도에서 다른 나라의 수도까지 기껏 몇 시간이면 날아갈 수 있게 되었다. 마지막으로 우리의 사적 거주지 안에서, 위성으로 중계되고 마을의 가장 외딴 지붕 위에 솟아 있는 안테나로 포착한 온갖 종류의 이미지는 지구 반대편에서 일어나고 있는 사건의 즉각적인, 때로는 동시적인 영상을 우리에게 제공해주게 되었다. 물론 우리는, 정보를 제공하는 이미지가 선별되기 때문에 정보의 부작용이나 왜곡가능성을 느낀다. 즉 이 이미지는 흔히들 하는 말처럼 조작될 수 있다. 또한 있을 수 있는 다른 수천의 이미지 중 하나일 뿐인 이미지가 영향력을 발휘하고, 자기가 담고 있는 객관적 정보를 훨씬 넘어서는 힘을 갖게 되기도 한다. 더욱이, 지구상의 텔레비전 화면에서 정보 이미지, 광고 이미지, 픽션 이미지가 일상적으로 뒤섞이고 있음을 인정해야 한다. 이 이미지들은 최소한 원칙적으로는 제시방식도 목적도 같지 않지만, 우리 눈에는 다양성이라는 측면에서 상대적으로 동질적인 세계를 구성한다. 미국에서의 삶에 대해 그 무엇이 미국의 좋은 텔레비전 드라마보다 더 현실적이고, 어떤 의미에서는 더 많은 정보를 줄 수 있을까? 또한 텔레비전의 작은 화면이 시청자들과 거대 역사의 주역들 사이에서 만들어내는 일종의 가짜 친밀감을 고려해야 하는데, 거대 역사의 주역들의 초상은 텔레비전 연속극의 주인공, 예술계나 스포츠계의 국제 스타의 초상만큼이나 우리에게 익숙하다. 텍사스, 캘리포니아, 워싱턴, 모스크바, 엘리제, 트위크넘, 오비스크 고개, 아라비아 사막 등[21]은 마치 우리를 둘러싼 풍경과 같고, 여기서 우리는 거대 역사의 주역들이 정기적으로 움직이는 것을 보게 된다. 우리는 이들을 개인적으로 알지 못하지만, 이들을 알아본다.

이 공간적 과잉은 미끼처럼 작용하지만, 이를 조작하는 사람이 누군지 알아내기는 힘들다. (배후조종하는 사람은 아무도 없다.) 이 공간적 과잉은 상당히 많은 부분에서 민족학이 전통적으로 자기의 영역이라 생각한 세계의 대용품으로 기능한다. 민족학의 전통적인 이 세계는 본래 상당히 가상적인 것으로서, 본질적으로 알아보기의 세계라고 말할 수 있을 것이다. 상징적 세계를 유산으로 물려받은 사람들에게 앎connaissance의 수단이라기보다는 알아보기reconnaissance의 수단이 되는 것이 상징적 세계의 특성이다.[22] 모든 것이 기호가 되는 닫힌 세계, 몇몇 약호가 핵심적으로 사용되지만 모

21 여기서 엘리제는 파리 샹젤리제 근처의 프랑스 대통령의 집무 및 거주 공간이고, 트위크넘(Twickenham)은 런던의 유명한 럭비경기장이며, 오비스크(Aubisque) 고개는 프랑스의 유명한 자전거 대회 '투르 드 프랑스'에서 힘들기로 악명 높은 구간이다.

22 오제는 여기서 'connaître'와 'reconnaître', 그리고 그 명사형인 'connaissance'와 'reconnaissance'를 구별해서 사용한다. 'connaître'는 '알다'라는 뜻으로서 그 명사형인 'connaissance'는 '앎'을 뜻하고, 'reconnaître'는 '지식을 통해 이미 알고 있는 것을 대상에서 알아보다'는 뜻이며, 그 명사형인 'reconnaissance'는 '알아보기'를 뜻한다. 이 책 「인류학적 장소」의 61쪽 참조.

든 사람이 그 존재를 인정하는 약호들의 집합, 부분적으로는 가상적이지만 실제로 작용하는 총체성, 민족학자들을 위해 만들어졌다고 생각할 수 있는 우주론 등이 모두 그렇다. 왜냐하면 민족학자들의 환상은 이 정도까지 이들이 연구하는 토착민들의 환상과 만나기 때문이다. 민족학은 오랫동안 의미 있는 공간들, 스스로를 온전한 전체로 생각하는 문화에 동일시된 사회들, 즉 의미의 세계를, 세계 속에서 분리시켜 파악하려고 전념해 왔다. 이 의미의 세계 안에서 그 표현에 불과한 개인과 집단 들은 동일한 기준, 동일한 가치, 동일한 해석과정에 의해 규정된다.

문화의 개념이나 이미 앞서 비판한 개인성의 개념을 다시 다루지는 않을 것이다. 이 이데올로기적인 개념이 민족학자가 연구하는 사람들의 이데올로기만큼이나 민족학자 자신의 이데올로기도 드러내고 있다고 말하면 충분하다. 그리고 초근대적인 세계의 경험이 민족학자에게 이데올로기를 털어버리는 데, 더 정확히 말해서 이데올로기의 영향력을 정확히 가늠하는 데 도움이 될 거라고 말하면 충분하다. 왜냐하면 이 초근대적인 세계의 경험은 다른 무엇보다도, 근대성의 공간이 전복시키고 상대화하는 공간의 조직화에 기반을 두고 있기 때문이다. 여기서도 또한 다음을 인정해야 한다. 우리가 보기에 시간의 이해가 역사를 해석하는 지배적 양태들이 급진적으로 전복되면서 약화되었다기보다는, 현재 벌어지는 사건의 과잉으로 훨씬 더 복잡해진 것과 마찬 가지로, (현장의 현실, 나아가 개인적, 집단적 의식과 상상력의 현실에 아직 많은 땅과 영토가 있기 때문에) 공간의 이해가 현재 진행 중인 급변들로 전복되었다기보다는, 현재의 공간적 과 잉으로 더 복잡해졌다. 앞서 보았듯이 이 공간적 과잉은 규 모의 변화로, 이미지화된 가상적인 준거référence의 증가로, 이동수단의 괄목할 만한 가속화로 표현된다. 이 과잉은 구 체적으로는 엄청난 물리적 변화로 귀결된다. 도시 집중, 주 민의 집단 이주, 우리가 '비장소'라고 부르게 될 것의 증가 가 그것이다. 비장소는, 마르셀 모스 및 온갖 민족학적 전통 이 시공간 속에 구체적으로 자리 잡고 있는 문화 개념에 결 부시킨 '장소'라는 사회학적 개념과 대립한다. 비장소는 승 객 및 재화의 가속화된 순환(고속도로, 인터체인지, 공항)에 필 요한 설비일 뿐만 아니라 교통수단 그 자체, 또는 거대한 쇼 핑센터, 그리고 지구상의 난민을 몰아넣은 임시 난민 수용 소이기도 하다. 이런 측면에서 우리는 역설적 시기에 살고 있다. 지구상의 공간 단위가 생각할 수 있는 것이 되고 거대 한 다국적 네트워크가 강화되는 바로 그 순간, 지역주의의 아우성이 커지고 자기 집에 조용히 머물고 싶어 하는 사람 들의 아우성이 커지고 조국을 되찾으려는 사람들의 아우성 이 커지고 있기 때문이다. 마치 한쪽의 보수주의와 다른 쪽 의 메시아주의가 억지로 농밀한 언어, 즉 땅과 뿌리의 언어로 말하는 상황에 처한 것 같다.

공간적 매개변수의 변화(공간적 과잉) 때문에 민족학자는, 사건의 과잉 앞에서 역사가가 직면한 어려움과 동일한 어려움에 처하게 된다고 생각할 수 있다. 사실상 동일한 차원의 어려움이지만, 인류학적 연구에는 특별히 자극적인 어려움이다. 규모의 변화, 매개변수의 변화 때문에, 19세기 때처럼 새로운 문명 연구, 새로운 문화 연구를 기획해야 하는 일이 우리에게 남아 있다.

우리의 이해관계가 여기에 어느 정도까지 얽혀 있는지는 별로 중요하지 않다. 개인으로서 우리들 각자가 그 온갖 측면을 제어하기―어림도 없다―는 힘들기 때문이다. 반대로, 예전에 이국의 문화들은 초기의 서구 관찰자들에게 너무 다르게 보였기 때문에 이들은 우선 관례에 따라 자민족 중심의 체를 통해 이국의 문화를 읽으려 했다. 먼 곳에서의 경험이 우리가 보는 방식을 탈중심화하는 데 기여했다면, 이제 우리는 이 경험을 유익하게 이용해야 한다. 초근대성의 세계는 우리가 살고 있다고 믿는 세계와 정확하게 부합하지는 않는데, 왜냐하면 우리는 우리가 바라보는 법을 아직 배우지 못한 세계에 살고 있기 때문이다. 우리는 공간을 사유하는 법을 다시 배워야 한다.

초근대적 상황의 규정과 관련해서 과도함의 세 번째 형상을 우리는 이미 알고 있다. 앞서 말한 것처럼, 그것은 인류학적 성찰로 되돌아온 자아의 형상, 개인의 형상이다. 주지하다시피 새로운 현장이 없기 때문에 영토 없는 세계에서, 이론적 숨결이 없기 때문에 거대 서사 없는 세계에서 어떤 민족학자들은 문화—공간상의 위치를 갖고 있는 문화, 마르셀 모스식의 문화—가 마치 텍스트인 것처럼 다루려고 시도한 후에, 텍스트로서의 민족지적 기술記述에만 관심을 갖게 되었다. 이 후자의 텍스트는 당연히 이를 쓴 사람을 드러내는 텍스트이고, 제임스 클리포드James Clifford[23]에 따르면, 결과적으로 에번스프리처드가 우리에게 누에르 족에 대해 가르쳐준다기보다는, 누에르 족이 에번스프리처드에 대해 더 많이 가르쳐준다.[24] 여기서는 해석학적 연구 정신—이에 따르면 해석자들은 다른 것에 대한 연구

23 제임스 클리포드는 미국의 인류학자이자 역사가로, 인류학의 탈근대적 전환을 이끈 대표적인 연구자들 가운데 한 명이다. 그가 인류학자 조지 마커스(George Marcus)와 함께 편집한 『문화 쓰기』는 민족학자를 저자로, 민족지를 일종의 문학적 텍스트로 대상화하면서 민족지가 자처하는 권위와 객관성이나 거기 내재하는 수사학적 전략들을 분석하였다. 여기서 오제는 『문화쓰기』에 실린 클리포드의 논문 "민족지적 알레고리에 관하여"의 내용을 암시하고 있다. James Clifford, "On Ethnographic Allegory," in J. Clifford & G. E. Marcus (Eds.), *Writing Culture: The Poetics and Politics of Ethnography*, Berkeley, University of California Press, 1986, pp. 98-121.

24 에드워드 에번스프리처드(Edward Evans-Pritchard, 1902-1973)는 영국의 유명인 사회인류학자다. 여기서는 동아프리카 누에르 족 연구와 관련된 그의 저작 『누에르족』(박동성 역, 지만지, 2012) 등을 가리킨다.

를 통해 자신을 구성하게 된다—에 대해 문제제기는 하지 않고, 편협한 기반의 해석학이 민족학이나 민족학적 문헌에 적용되면 하찮은 것이 되어버릴 위험이 있다는 점만 지적하기로 하자. 사실상 해체주의적 문학비평 정신이 민족지학적 자료에 적용되면, 진부한 것이나 명백한 것—예를 들어 에번스프리처드는 식민지 시대에 살았다는 것—이상을 우리에게 가르쳐주는지는 의심스럽다. 반면 자기 연구 현장을, 현장에서 연구한 사람들에 대한 연구로 대체함으로써 민족학이 진정한 길에서 벗어날 가능성이 있다.

탈근대적 인류학은 (인정할 것을 인정하자면) 초근대성의 분석에 포함되며, 현장에서 텍스트로, 텍스트에서 저자로 가는 환원론적 방법은 그 특수한 표현에 불과하다.

최소한 서구사회에서 개인은 스스로 하나의 세계가 되고자 한다. 개인은 자기에게 전달되는 정보를 자기 스스로, 자신을 위해 해석하려 한다. 종교 사회학자들은 심지어 가톨릭 의례에서도 독특한 특성을 밝혀냈는데, 신자들은 의례를 자기 방식대로 행하고자 한다는 것이다. 이와 마찬가지로 양성兩性 사이의 관계 문제는 미분화된 개인적 가치의 이름으로 넘어설 수 있다. 그러나 접근 방식들의 개별화는 앞서 분석한 것을 참고해보면 그리 놀라운 일도 아니다. 즉 집단사는 명시적으로 개인사와 결코 관련되지 않지만, 집단적 동일시의 지표들 역시 자주 바뀌는 것은 아니다. 따라서 개인적 의미를 생산하는 것이 그 어느 때보다도 필수적이다. 당연히 사회학은 이 접근방식들의 개별화가 환영에 기반을 두고 있다는 것과, 전체적으로든 부분적으로든 행위자의 의식을 벗어나는 재생산 효과와 상투적 효과를 완벽하게 파악할 수 있다. 그러나 (몸, 감각, 살아 있다는 것의 신선함을 말하는) 온갖 광고 장치가 뒷받침하는 의미생산의 독특한 특성과, 개인적 자유라는 테마를 둘러싸고 전개되는 온갖 정치적 언어는 그 자체로 흥미롭다. 이는 민족학자들이 다른 사람들에게서 다양한 명목으로 연구했던 것—(우주론이라기보다는) 국지적 인류학으로 부를 수 있는 것, 다시 말해서 그 안에서 정체성과 타자성의 범주들이 만들어지는 재현체계—에 속하기 때문이다.

이렇게 오늘날 인류학자에게는 새로운 용어로 하나의 문제가 제기되는데, 이는 마르셀 모스, 그리고 모스 이후에는 문화주의적 경향 전체가 당시에 직면한 어려움과 똑같은 어려움을 제기한다. 이 문제는 '개인을 어떻게 사유하고 어떻게 위치지어야 할 것인가?'이다. 『일상의 발명』에서 미셸 드 세르토Michel de Certeau는 "행위술의 기지奇智"에 대해 이야기하는데, 이 덕분에 근대 사회, 특히 도시 사회의 전반적 제약에 얽매인 개인들이 이 제약을 피하고, 이를 이용하며, 일종의 일상적 임기응변bricolage을 통해 자기만의 활동무대와 독특한 여정을 그릴 수 있게 된다. 그러나 미셸 드 세르토

                                        비장소

도 의식하고 있었지만, 이 기지와 행위술은 때로는 평균적 개인들(구체적인 것의 정점)의 증가를 가리키고, 때로는 개인들의 평균(하나의 추상)을 가리킨다. 마찬가지로 프로이트는 『문명의 불안』, 『환영의 미래』와 같이 사회학적 목적을 가진 저작에서 약간은 마르셀 모스처럼 개인들의 평균과 계몽된 엘리트―스스로를 반성적 접근방식의 대상으로 간주할 수 있는 개인들―를 대립시키려고 '보통 사람der gemeine Mann'이라는 표현을 사용했다.

그러나 프로이트가 말하는 소외된 인간―예컨대 종교와 같이 다양한 제도에서 소외된 인간― 또한 인류이고 온전한 인간이며, 또는 프로이트 자신부터 시작해서 자기 안에서 소외의 메커니즘과 효과를 관찰할 수 있는 사람이면 누구나 그렇다는 것을 프로이트도 잘 의식하고 있다. 이 불가피한 소외는 또한 레비스트로스가 「마르셀 모스 저작 입문」에서 다음과 같이 쓸 때 말하는 소외이기도 한데, 즉 엄밀하게 말해서 소외된 사람은 정신이 온전하다고 간주할 수 있는 사람인데도 소외되는데, 이는 그가 타자와의 관계에 의해 규정된 세계 속에 살기로 동의했기 때문이라는 것이다.

프로이트는 자기분석을 실행했다고 알려져 있다. 오늘날 인류학자에게 제기되는 문제는, 자기가 관찰하는 사람들의 주관성을 분석에 포함시킬 것인지의 문제, 요컨대 우리 사회들에서 개인의 쇄신된 지위를 고려해 대표성의 조건들을 어떻게 다시 규정할 것인지의 문제다. 인류학자가 프로이트의 예를 따라서 스스로를 자기 문화의 토착민, 요컨대 특권적인 정보제공자로 간주하고, '자기 민족지적 분석auto-ethno-analyse'을 보여주는 몇몇 시론을 감행할 가능성도 배제할 수는 없다.[25]

오늘날 주로 개인적 준거, 아니 이 표현이 낫다면, 준거의 개인화를 강조하는 경향을 넘어 다음과 같은 특이성의 요인들에 관심을 기울여야 한다. 사물들의 특이성, 집단이나 소속의 특이성, 장소들의 재구성, (때로는 너무 빨리 '문화의 동질화 또는 전 지구화' 같은 표현들로 요약되고 환원되는) 관계형성, 가속화, 탈지역화 등의 과정과 역설적 대조를 이루는 온갖 차원의 특이성이 그것이다.

동시대성의 인류학의 실현 조건이라는 문제는 방법에서 대상으로 옮겨져야 한다. 이는 방법의 문제가 결정적 중요성을 갖지 않아서도 아니고, 심지어 방법의 문제가 대상의 문제와 전적으로 분리될 수 있어서도 아니다. 그러나 대상

25 1990년대부터 본격적으로 발전하기 시작한 자기민족지(autoethnographie)-자문화기술지, 자기민속지학이라고도 불린다-는 연구자 개인의 경험을 여러 실험적 양식을 통해 생생하게 기술함으로써 일정한 자기성찰과 이론적, 문화적 해석에 도달하려는 방법론적 시도를 가리킨다. 이는 연구자의 객관적인 위치와 민족지의 사실주의적 관습들에 문제를 제기하는 탈근대적 인류학의 입장과도 조응하며, 연구자 자신에 대한 주관적이고 반성적인 민족지를 통해 집단과 사회에 대한 이해에 이르고자 한다.

비장소

의 문제는 전제조건이다. 심지어 이중적 전제조건인데, 왜냐하면 새로운 사회적 형태에, 새로운 감수성의 양태에, 또는 현재 동시대성의 특징들로 나타날 수도 있는 새로운 제도에 관심을 갖기 전에, 사람들이 자신의 정체성과 자기들의 상호관계를 사유할 때 사용하는 거대 범주들에 영향을 미친 변화에 관심을 가져야 하기 때문이다. 우리가 초근대성의 상황을 특징지으려고 사용한 과도함의 세 가지 형상들(사건의 과잉, 공간적 과잉, 준거의 개인화) 덕분에, 복잡성과 모순을 무시하지 않고서도, 또 이를 사라진 근대성의 넘을 수 없는 지평으로 취급하지 않고서도, 초근대성의 상황을 파악할 수 있다. 이 사라진 근대성과 관련해서는 그 흔적들을 기록하고, 고립된 종족 집단들을 열거하고, 아카이브들의 목록을 작성할 일만 우리에게 남아 있다. 21세기는 인류학의 세기가 될 것인데, 이는 단지 과도함의 세 형상이 (인류학의 재료 자체이기도 한) 영속적인 원재료[즉 시간, 공간, 인간]의 현재적 형태이기 때문만은 아니다. 이는 또한 초근대성의 상황 속에서 (마치 인류학이 '[이질문화와의 접촉을 통한]문화변용acculturation'이란 이름으로 분석한 상황들 속에서처럼) 구성요소들이 서로를 무너뜨리지 않은 채로 부가되기 때문이기도 하다. 이처럼 우리는 (결혼에서 종교까지, 교환에서 권력까지, 신들림에서 마법까지) 인류학이 연구한 현상에 열정적으로 헌신한 사람들을 미리 안심시킬 수 있다. 이들은 아프리카에서도 유럽에서도 사라지지 않을 것이다. 그러나 이들은 다른 세계에서 남아 있는 것으로 뜻을 통하게 할 것이고, 의미를 다시 만들 것이다. 오늘날의 인류학자들처럼 미래의 인류학자들은 이 다른 세계의 합리성과 불합리성을 이해하려 애쓸 것이다.

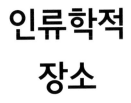

인류학적
장소

민족학자와 민족학자가 연구하는 사람들의 공통 지점은 장소다. 정확히 말해서, 거기서 살고 거기서 일하며 거기를 지키고 그 장점을 표시하고 그 경계를 감시하는 토착민이 점유하는 장소이며, 또한 그곳에 가득 차 있으면서 그 내밀한 지리地理를 활성화시키는 지옥과 천상의 힘, 선조, 정령의 흔적을 거기서 발견하는 토착민이 점유하는 장소다. 마치 이 장소에서 이들에게 공양과 희생을 바친 얼마 안 되는 인류가 또한 인류의 정수精髓인 것처럼, 마치 이들에게 바친 숭배의 장소에서만 인류라는 이름에 걸맞은 인류가 존재한 것처럼.

이와 반대로 민족학자는 장소가 조직되는 방식―야생의 자연과 개간된 자연 사이에서 항상 가정되고 표시가 그려진 경계, 경작할 수 있는 땅이나 어장漁場의 영속적 또는 임시적 할당, 마을의 배치, 주거 양태의 배열과 주거 규칙, 요컨대 집단의 경제적, 사회적, 정치적, 종교적 지리―을 통해 이보다 더 구속적이고 어쨌거나 더 명백한 질서를 해독할 수 있다고 자부한다. 이 질서를 공간 속에 옮기는 것이 여기에 이차적 자연의 외양을 부여하기 때문이다. 이렇게 해서 민족학자는 자신이 토착민 중 가장 섬세하고 가장 지혜로운 사람이라고 생각하게 된다.

민족학자와 토착민에게 공통 지점은 어떤 의미로는 라틴어 'invenīre'의 의미[27] 그대로 발견invention이다. 즉 이 장소는 이곳을 자신의 것이라고 주장한 사람들에 의해 발견되었다. 창건 설화들은 거의 대부분 원주민의 이야기가 아니며, 이와 반대로 대개는 장소의 화신과 최초 거주자를 이동 집단 공동의 모험에 통합시킨 이야기다. 땅의 사회적 표시는 본래부터 있었던 것이 아니기 때문에 더욱더 필요하다. 민족학자는 단지 이 표시를 찾아낼 뿐이다. 민족학자의 호기심과 개입 때문에 그가 조사하는 사람들이 (도시로의 이주, 새로운 인구증가, 산업 문화의 확장 같이 최근의 현실과 관련된 현상에 의해 약화되거나 때로는 억눌려 있던) 자신들의 기원에 다시 관심을 갖는 일이 벌어지기도 한다.

물론 현실이 바로 이 이중적 발견의 기원에 있으며 이 발견에 원자료와 대상을 제공한다. 그러나 현실은 또한 환상과 환영을 만들어낼 수 있다. 즉 태고 이래 손이 닿지 않은 땅—이 땅을 벗어나면 진정 아무것도 생각할 수 없다—의 영속성에 뿌리 내린 사회에 대한 토착민의 환상이 그것이다. 또한 그 자체로 너무 투명한 나머지, 그 가장 사소한 관습에서도, 그 어떤 제도에서도, 또한 구성원 각자의 전체적 인성에서도 온전하게 표현되는 사회에 대한 민족학자의 환영이 그것이다. 유목 사회까지 포함해서 온갖 사회가 수행한 자연의 체계적 배치까지 고려하면 환상은 연장되고 환영

---

26   라틴어 'invenīre'의 원형은 'invĕnĭo'로서 '마주치나, 삿냐, 뭔녜삐'ㄴ 똦이다

은 커진다.

　토착민의 환상은 오래전 단 한 번에 창건된 닫힌 세계에 대한 환상으로서, 엄밀하게 말하면 알려져서는 안 되는 것이다. 알아야 할 모든 것은 이미 다 알려져 있다. 땅, 숲, 샘, 주목할 만한 지점, 숭배의 장소, 약용식물뿐만 아니라 이 장소들 목록의 일시적 차원 또한 이미 알려져 있다. 기원 설화와 제례 일정은 이 장소들의 정당성을 가정하고 원칙적으로 그 안정성을 보장한다. 필요한 경우 거기서 자기를 **알아봐야** 한다. 온갖 예기치 않은 사건은 탄생, 질병, 사망처럼 제례의 관점에서 온전히 예측할 수 있고 반복적으로 일어나도, 엄밀히 말해 알기 위한 것_{connaître}이 아니라, 알아보기 위한 것_{reconnaître}으로 해석되어야 한다. 다시 말해서 이미 목록화된 용어로 구성된 담론이나 진단—이를 말한다고 문화적 교리나 사회적 구문론의 수호자에게 충격을 주지는 않을 것이다—으로 정당화될 수 있는 것으로 해석되어야 한다. 집단의 정체성_{identité}—집단의 기원은 종종 다양하지만 그 기반을 이루고 이들을 모이게 하며 이들을 하나로 묶는 것이 바로 장소의 동일성_{identité}이다—을 표현하는 것이면서 이와 동시에 (정체성이란 단어가 의미를 가지려면) 집단이 외부적, 내부적 위협에 맞서 방어해야 하는 것이 공간적 배치라는 점이 명백해지면, 이 담론의 용어들이 대개 공간적인 것이라는 점은 전혀 놀랍지 않다.

민족학자로서 내 최초의 경험이었던 알라디안[27]의 지역에서 시체에 대한 심문은 이런 관점에서 예시적이었다. 이것이 더 예시적인 이유는, 양태가 각기 다르게 나타나지만 이 심문이 서아프리카에 아주 널리 퍼져 있고 이와 비슷한 테크닉을 세계의 다른 곳에서도 찾을 수 있기 때문이다. 이 심문이란 대체로 시체가 말하게 하는 것인데, 즉 그의 죽음에 책임 있는 사람이 알라디안 마을의 외부에 있는지, 또는 살인자들 중 한 사람이 의식儀式이 벌어지는 바로 그 마을의 내부 아니면 외부—이 경우 동쪽인지 서쪽인지—에 있는지, 그 사람의 혈족이나 자기 집 등의 내부 아니면 외부에 있는지 말하게 하는 것이다. 때로는 시체가 천천히 심화되는 질문지를 무시하고 자기를 들고 있는 사람들 무리를 '아프리카 전통가옥'으로 인도해서, 질문을 하는 사람들에게 살인자를 멀리서 찾을 필요가 없다는 뜻으로 그 울타리나 출입문을 부수는 일이 벌어지기도 했다. 분명 내적 긴장을 효과적으로 통제해야 할 필요가 있는 종족 집단의 정체성(이 경우에는 알라디안 족으로 구성된 혼성 집단의 정체성)이 내외부의 경계 상태를 지속적으로 재검토함으로써 유지된다는 것을 이보다 더 잘 보여줄 수는 없을 것이다. 거의 모든 개인의

27/ 서아프리카의 코트디부아르 지역에 사는 종족. 오제는 여기서 1960년대와 1970년대에 민족학 연구를 수행한 바 있다.

죽음이 일어날 때마다 이 경계는 다시 말해지고 반복되고 재확인되어야 하며, 또 재확인되었어야만 했다는 점은 의미심장하다.

창건된, 끊임없이 재창건되는 장소에 대한 환상은 절반의 환상일 뿐이다. 우선, 이 환상은 잘 기능하고 있고, 아니 잘 기능해왔다. 즉 땅은 경작되었고 자연은 길들여졌으며 세대 간의 재생산이 보장되었다. 이런 의미에서 땅의 신들은 땅을 잘 보호해왔다. 영토는 외부의 공격이나 내적인 갈등과 같은 위협에 맞서 잘 유지되었지만, 주지하다시피 항상 그랬던 것은 아니다. 이런 의미에서 또한 신성화와 예방의 장치가 효율적으로 기능해왔다. 이 효율성은 가족, 혈족, 마을, 집단 등의 척도로 측정될 수 있다. 순간적으로 벌어지는 예기치 못한 일의 관리, 특별한 어려움의 규명과 해결 등에 책임을 진 사람들은 그 피해자가 되는 사람들이나 위협을 받는 사람들보다는 항상 훨씬 많다. 즉 모두가 서로를 굳게 붙잡고 있고, 모든 것이 함께 서 있다.

이것이 또한 절반의 환상인 이유는, 공동으로 유지하는 장소의 실재나 이를 위협하거나 보호하는 힘의 실재는 아무도 의심하지 않았지만, 다른 집단들의 실재—아프리카에서 많은 창건 설화는 무엇보다 전쟁과 탈출의 이야기다—나 따라서 다른 신들의 실재나 교역의 필요성이나 여자를 다른 곳에서 데려올 필요성을 모르는 사람은 아무도 없고, 이

몰랐던 사람 또한 아무도 없었기 때문이다. 닫혀 있고 자기 충족적인 세계의 이미지는 현재뿐만 아니라 과거에도 (이 이미지를 유포시켰고 이와 직업적으로 동일시한 사람에게까지도) 유용하고 필요한 이미지이며 거짓말이 아니라 신화와 비슷하다. 이 신화는 땅에 대략적으로 새겨져 있지만 영토―신화가 이 영토에 독창성을 부여한다―만큼 취약하며 (그 경계가 또한 그렇듯이) 잠재적으로 정정할 여지가 있기 때문에 가장 최근의 이주뿐만 아니라 최초의 창건에 대해서도 항상 말해야 하는 처지에 놓여 있다.

민족학자의 환영은 바로 이 지점에서 토착민의 절반의 환상과 만난다. 이 환영 또한 절반의 환영인 이유는, 민족학자가 자신이 연구하는 사람들을 그가 이들을 발견한 풍경이나 이들이 만들어낸 공간과 동일시하려 해도, 이들이 겪은 역사의 부침, 이동성, 이들이 전거로 삼고 있는 공간의 다양성, 경계의 유동성 등을 그는 이들만큼 알고 있기 때문이다. 더욱이 이들처럼 그는 사라진 안정성의 환영적인 척도를 현재의 급변들에 적용하려 할 수도 있다. 불도저들이 땅을 갈아버릴 때, 젊은이들이 도시로 떠나거나 '타지인들'이 정착할 때, 가장 구체적이고 가장 공간적인 의미에서 영토의 지표와 함께 정체성의 지표 또한 지워진다.

그러나 민족학적 **전통**이 오래전부터 증언하는, 민족학자가 빠지기 쉬운 지적 유혹의 가장 본질적인 부분은 이것이 아니다.

이 전통 스스로가 사용했고 여러 상황에서 남용한 개념 하나에 기대 우리는 이 유혹을 '총체성의 유혹'이라고 부르고자 한다. 잠시 마르셀 모스가 사용한 '총체적인 사회적 사실' 개념의 용법과, 이에 대해 레비스트로스가 제시한 논평으로 되돌아와 보자. 모스에 따르면, 사회적 사실의 총체성은 서로 다른 두 총체성을 가리키는데, 즉 그것은 사회적 사실의 구성에 개입하는 다양한 제도의 총계이면서 또한, 그 안에 살면서 거기에 참여하는 모든 사람의 개인성을 규정하는 데 쓰이는 다양한 차원의 집합이기도 하다. 앞서 봤듯이 레비스트로스는, 총체적인 사회적 사실이 무엇보다 총체적으로 지각된 사회적 사실, 즉 이를 겪는 토착민 누구라도 가질 수 있는 관점을 포함시킨 사회적 사실의 해석이라고 암시함으로써 이 관점을 탁월하게 요약했다. 다만 무수한 상상력의 노고가 필요해서 그 어떤 소설가라도 좌절시킬 수 있는 이 남김 없는 해석의 이상은, 또한 '총체적' 인간으로 규정된 '평균적' 인간에 대한 아주 특별한 파악에 기반을 두고 있다. 왜냐하면 근대 엘리트의 대변자들과는 달리 "이 평균적 인간은 최소한의 인식, 또는 최소한의 정신적 충격에 의해 자기 존재 전체가 영향을 받기" 때문이다.(마르셀 모스, p.306) 모스에게 근대 사회에서 엘리트에 속하지 않는 사람은 누구나 '평균적' 인간이다. 그러나 '구식의 사회archaïsme'는 단지 평균밖에 모른다. '평균적' 인간은 "구식이거나 지체된 사회들의 거의 모든 인간"과 비슷하다. 이는 평균적 인간이 이들처럼 근접한 주변사람들에게 취약성과 침투성을 보인다는 점에서 그러한데, 이 때문에 평균적 인간을 '총체적'이라고 규정할 수 있다.

그렇다고 해서 마르셀 모스의 관점에서 근대 사회가 통제 가능한 민족학적 대상인지는 전혀 명백하지 않다. 그에게 민족학자의 대상은 구체적으로 시간과 공간 속에 자리 잡고 있는 사회들이기 때문이다. 민족학자의 이상적 현장―"구식이거나 지체된" 사회들의 현장―에서 모든 인간은 "평균적"이다('대표적'이라고도 할 수 있다.) 따라서 여기서 시간과 공간 속에 자리 정하기localisation는 수행하기 쉽다. 이 자리 정하기는 계급 분할, 이주, 도시화, 산업화가 그 차원을 확대시키거나 그 독해를 어렵게 만들지 않기 때문에 모든 사람에게 적용된다. 특정 위치를 가진 사회와 총체성의 이념 뒤에는 분명 문화, 사회, 개인 사이에 투명성의 이념이 있다.

바로 이 특정 위치를 가진 사회라는 이념 속에 이미 미국 문화주의 최후의 화신인 텍스트로서의 문화라는 이념이 온전하게 들어 있다. 이 사회에 속한 "평범한 개인"이란 이념을 총체적인 사회적 사실의 분석에 통합시킬 필요성을 보여주기 위해 모스는 "이런 저런 섬의 멜라네시아인"이라고 언급하는데, 시사적인 것은 물론 그가 정관사―다른 시대, 다른 하늘 아래서 모범의 지위에 오른 많은 종족 주체처럼 이 멜라네시아인도 원형이다―에 의존하며, 섬 하나(작은 섬) 를 문화적 총체성의 탁월한 장소로서 모범적으로 제시했다 는 점이다. 섬 하나의 윤곽과 경계는 어렵지 않게 지정할 수 도 있고 그릴 수도 있다. 또한 군도 안에서 섬에서 섬으로의 항해나 교환의 순환은 이미 알려진 고정된 경로를 이루는 데, 이는 상대적인 정체성―알려진 정체성, 이미 설정된 관 계―의 영역과 외부 세계, 즉 절대적으로 낯선 세계 사이에 서 명확한 경계를 그려낸다. 독특한 특성을 규명하고자 하 는 민족학자에게 이상적인 것은, 각 종족이 경우에 따라 다 른 섬들과 이어지지만 다른 모든 섬과는 다른 하나의 섬이 되는 것이고, 각 섬주민이 자기 이웃과 정확하게 동등한 사 람이 되는 것일 터이다.

사회를 바라보는 문화주의적 관점은 체계적이고자 하는 한에서 그 한계가 명백하다. 즉 각각의 독특한 문화에 구체 적 형태를 부여한다는 것은, (다른 문화들이나 역사의 급변들 에 대한 반응들이 기회가 있을 때마다 증언하는) 내재적으로 불 확실한 특성을 무시하는 것이고, 문화적 '텍스트'에서 결코 연역될 수 없는 다양한 개별적 입장과 사회 조직의 복잡성 을 무시하는 것이다. 그러나 토착의 환상과 민족학적 환영 의 기반을 이루는 현실의 요소에 무지해서는 안 될 것이다. 동일 사회 집단에서 공간의 조직과 장소의 구성은 쟁점 중 하나이자 집단적이고 개별적인 실천 양태 중 하나이기 때문이다. 집단성—또는 이를 지휘하는 사람들—뿐만 아니라 집단에 결부된 개인들도 정체성과 관계를 동시에 사유할 필요가 있고, 이를 위해서는 (한 집단 전체의) 공유된 정체성의 구성요소, (다른 집단이나 다른 개인들에 대해 해당 집단이나 해당 개인의) 개별적 정체성의 구성요소, (다른 누구와도 유사하지 않다는 점에서 개인이나 개인들 집단의) 독특한 정체성의 구성요소 등을 상징화시킬 필요가 있다. 공간의 처리는 이런 기획을 실행하는 수단 중 하나이고, 민족학자가 공간에서 사회적인 것으로 가는 도정을, 마치 사회적인 것이 결정적으로 공간을 만들어낸 것처럼, 거꾸로 되짚어가려 하는 것도 놀라운 일은 아니다. 이 도정은 본질적으로 '문화적인데', 주지하다시피 이 도정이 사회적 질서를 보여주는, 가장 가시적이고 가장 많이 제도화되어 있으며 또 가장 알려진 기호를 거치면서 이와 동시에 사회적 질서의 장소—그 기회에 공동의 장소로 규정된다—를 그려내기 때문이다.

공간에 대한 이 구체적이고 상징적인 구성에 한해서 우리는 '인류학적 장소'란 용어를 사용하려고 한다. 이 구성만으로는 사회적 삶의 우여곡절과 모순들을 설명할 수 없지만, 이 구성은 모든 사람에게 준거로 사용되고, 아무리 초라하고 작아도 모두에게 자리를 지정해준다. 이는 모든 인류학이 타자들의 인류학에 대한 인류학이기 때문이고, 더욱

이 장소, 즉 인류학적 장소가 여기에 거주하는 사람들에게 의미의 원리이면서 동시에 이를 관찰하는 사람에게 명료성의 원리이기 때문이다. 인류학적 장소의 척도는 모두 다르다. 그늘이 지는 쪽과 빛을 받는 쪽, 남성의 몫과 여성의 몫이 있는 카빌리의 가옥, 잠자는 사람을 자신의 충동으로부터 보호해주는 내부의 레그바와 그를 외부의 공격으로부터 보호해주는 문턱의 레그바가 있는 미나나 에베의 전통가옥, 종종 땅 위에 아주 물질적이고 눈에 잘 띄는 경계를 세우는 것으로 나타나며 직간접적으로 동맹, 교환, 놀이, 종교를 요청하는 이원론적 배치, 나이에 따른 계급과 씨족에 따라 생활의 질서를 정하는 에브리에나 아티예 마을의 삼분할된 공간 등이 인류학적 장소다.[28] 이 모두는 분석이 의미를 갖는 장소인데, 그것은 이 장소에 의미가 투여되어 있기 때문이고, 매번의 새로운 도정, 매번의 제의적 반복이 의미의 필요성을 강화시키고 확인시키기 때문이다.

인류학적 장소에는 최소한 세 가지 공통된 특성이 있다. 즉 정체성의 장소, 관계의 장소, 역사의 장소가 되고자 한

---

28 카빌리는 알제리 북부 산간지역에, 미나는 현재 서아프리카의 토고와 베냉 지역에, 에베는 서아프리카의 가나, 토고, 베냉 지역에, 에브리에는 코트디부아르에, 아티예는 코트디부아르 남동쪽에 사는 종족을 각기 가리킨다. 한편, 레그바는 보두교(敎)의 정령을 가리키는 말로서 베냉과 토고 지역에 널리 퍼져 있다.

다―사람들이 그러기를 바란다―는 것이다. 집의 도면, 거주 규칙, 마을의 구역, 제단, 광장, 땅의 분할은 각자에게 일련의 가능성, 처방, 금지―그 내용은 공간적인 동시에 사회적이다―에 상응한다. 태어난다는 것은 한 장소에서 태어난다는 것이며 거주지에 지정된다는 뜻이다. 이런 의미에서 출생 장소는 개인적 정체성을 구성한다. 아프리카에서는 우연히 마을 밖에서 태어난 아기에게 그가 태어난 풍경의 한 요소에서 따온 특별한 이름을 부여하기도 한다. 탄생 장소는 미셸 드 세르토가 언급한 '고유한 것le propre'의 법칙(과 고유 명사의 법칙)에 따른다. 다른 한편, 루이 마랭은 앙투안 퓌르티에르Antoine Furetière에게서 장소의 아리스토텔레스적 정의("다른 신체를 둘러싸고 있는, 한 신체 최초의 움직이지 않는 표면, 또는 한층 명확히 말해서 한 신체가 그 안에 놓여 있는 공간"[29])를 빌려와서 "각 신체는 자기 장소를 점유한다"라고 그가 제시한 예를 인용한다. 그러나 이 독특하고 배타적인 점유는 시체가 자기 무덤을 점유하는 것이지, 태어나는 신체 또는 살아 있는 신체가 점유하는 것은 아니다. 탄생과 생명의 차원에서 절대적 개인성으로서 고유한 장소는 이보다는 정의하기 어렵고 사유하기도 어렵다. 미셸 드 세르토는

---

20 [원주] Louis Marin, "Le lieu du pouvoir à Versailles", in *La Production des lieux exemplaires*, Les Dossiers des séminaires TTS, 1991, p.89.

비장소

이면 장소든 질서를 품고 있는 것으로 보는데, "이 진서에 따라서 요소들은 공존의 관계 속에서 배분된다." 그리고 그는 두 사물이 동일한 '자리'를 점유하는 것을 배제하고 장소의 각 요소들이 고유한 '지점'에서 다른 요소들 옆에 있다는 점을 인정하지만, 그는 '장소'를 "위치들의 즉각적인 지형"이라고 정의한다.(p.173) 이는 결국 서로 다른 독특한 요소들이 동일 장소에 공존할 수 있다는 말이지만, 또한 공동 장소의 점유 때문에 생겨난 공유된 정체성과 상호관계를 사유할 수 있다는 말이기도 하다. 이렇게 해서 아기에게 자기 자리—대개는 엄마 곁이지만, 이와 동시에 아빠의 집이거나 외삼촌의 집이거나 외할머니의 집이거나 등—를 할당하는 주거 규칙들이 아기를 전반적인 지형 속에 위치시키고, 아기는 땅 위에 기입된 것을 다른 사람들과 공유하게 된다.

마지막으로 역사적이라는 것과 관련해서, 장소가 (정체성과 관계를 결합하여) 최소한의 안정성으로 규정되는 순간부터 장소는 불가피하게 역사적이다. 장소는 또한, 거기서 사는 사람들이 앎의 대상이 되지 않아야 할 지표를 알아보는 경우에도 역사적이다. 그곳에 사는 사람들에게 인류학적 장소는, 과학으로서의 역사를 벗어나는 정도까지 역사적이다. 선조들이 세운 이 장소("내 조상들이 세운 이 거주지가 내 마음에 들면 들수록"[30])는, 최근에 죽은 사람들이 기호―쫓아내거나 해석하는 법을 알아야만 하는 기호―로 가득 채운 이 장소는, 엄밀한 제의적 일정이 수호하는 힘을 일정한 간격으로 일깨우고 다시 활성화시키는 이 장소는 '기억의 장소'와 대척점에 있다. (피에르 노라는 기억의 장소에 대해, 우리는 거기서 본질적으로 우리의 차이, 지금 우리의 모습이 아닌 것의 이미지를 파악한다고 정확하게 썼다.) 인류학적 장소의 거주자는 역사 속에 사는 것이지 역사를 만드는 것이 아니다. 아마도 역사에 대한 이 두 관계의 차이는 예를 들어 1940년대를 살았던 내 나이 또래의 프랑스인들에게는 아주 민감한데, 이들은 마을―심지어 바캉스의 장소―에서 성체성혈 대축일Fête-Dieu에, 기원일祈願日에, 평소에는 고립된 성당의 그늘에 둥지를 틀고 있는 그 지역의 이런저런 수호성인의 연간 축일에 참석할 수 있었던 사람들이다. 이런 행렬과 의식이 사라졌다고 해도, 그 기억이 우리에게 다른 유년시절의 기억처럼 단지 지나가는 시간이나 변화하는 개인들에 대해 말하는 것은 아니기 때문이다. 이 행렬과 의식은 실제로 사라졌다. 아니 변형되었다. 마치 매년 여름 옛날 방식으로 밀 타

---

30   16세기 시인 조아킴 뒤 벨레(Joachim Du Bellay)의 시 「오디세이아처럼 훌륭한 여행을 한 행복한 이란(Heureux qui, comme Ulysse, a fait un beau paysage)」의 한 구절.

비장소

작을 하는 것처럼, 우리는 이전처럼 하기 위해 아직도 때때로 축제를 거행한다. 성당은 복원되었고 여기서 때때로 콘서트나 스펙터클이 개최된다. 이런 연출이 이 지역의 몇몇 오래된 거주자에게 약간 당혹스러운 웃음이나 회고적 논평을 불러일으키지 않는 것은 아니다. 즉 이 연출 때문에 이들이 매일매일 살았다고 믿는 장소들이 긴 시간을 두고 부각되기는 하지만, 이는 오늘날 이 장소들을 역사의 한 조각으로 바라보라고 유도하는 것이다. 그들 자신의 관객이자 이 내밀한 관광객들은 그 안에서 이들이 계속 살고 있는 공간, 더 이상 이들이 살았던 장소가 아닌 공간이 객관적으로 증언하는 변화의 기억을, 향수나 색다른 것으로는 돌릴 수 없을 것이다.

물론 인류학적 장소의 지적 지위는 모호하다. 이는 단지 부분적으로만 구체화된 관념일 뿐인데, 이 관념은 여기 거주하는 사람들이 영토에 대해, 친지와 다른 사람들에 대해 맺는 자신들의 관계로 만들어낸 것이다. 이 관념은 부분적인 것이거나 신비화된 것일 수도 있으며, 각자가 점유하는 자리와 관점에 따라 달라진다. 그래도 역시 이 관념은 (아마도 야생의 조화나 실락원失樂園 같은 지표가 아닌) 일련의 지표를 제시하고 받아들이게 하지만, 이 지표들이 사라지면 그 부재는 쉽게 메워지지 않는다. 민족학자의 편에서는, 땅에 새겨진 기획과 같이 그가 관찰하는 사람들의 기획 속에서 폐

쇄, 외부와의 관계에 대한 지혜로운 통제, 인간적인 것에 깃든 신적인 것의 내재성, 의미의 인접성과 기호의 필요성 등등을 뜻하는 모든 것에 쉽게 민감해질 수 있다면, 이는 그가 그 이미지와 이에 대한 필요를 자기 안에 지니고 있기 때문이다.

잠시 인류학적 장소의 정의를 고찰해보면, 우리는 그것이 우선 기하학적인 것이라고 주장할 것이다. 단순한 세 가지 공간적 형태에서 출발해서 인류학적 장소의 정의를 규명할 수 있을 텐데, 이 세 가지 형태는 서로 다른 제도적 장치에 적용될 수 있고 어떤 의미로는 사회적 공간의 기본적 형태를 이룬다. 이들은 기하학의 용어로 말하면 선, 선들의 교차, 교차지점이다. 구체적으로는 우리에게 일상적으로 훨씬 익숙한 지리학의 관점에서, 한편으로 한 장소에서 다른 장소로 이어지며 사람들이 낸 경로徑路, 축, 길에 대해 말할 수 있고, 다른 한편으로 사람들이 서로 교차하고 만나고 모이는 교차로나 광장—이들은 시장市場[31]에서 특히 경제적 교환의 필요를 충족시키기 위해 때로는 광범위한 규모로 만들어진다—에 대해 말할 수 있으며, 마지막으로 종교적이든 정치적이든 몇 사람이 건축한 다소간 기념비적인 중심지—이

---

[31] 프랑스에서 광장은 수요일, 토요일, 일요일 등의 날짜에 정기적으로 시장의 기능을 한다. 프랑스에는 가게나 대형 마켓 이외에 재래식 상설시장은 없다.

중심지들은 거꾸로 공간과 경계를 규정하며, 이 경계를 넘어서면 다른 사람들이 다른 중심지나 다른 공간과 관련해 다른 사람으로 규정된다―에 대해 말할 수 있다.

그렇다고 경로, 교차로, 중심지가 절대적으로 독립적인 개념들은 아니다. 이들은 부분적으로 서로 겹친다. 경로는 관심을 끌 만한 서로 다른 지점을 지나갈 수 있으며 이 모든 지점은 집합 장소가 될 수 있다. 또한 몇몇 시장은 경로상의 고정점을 이루며 시장이 그 지표가 될 수 있다. 또한 시장 자체가 인기를 끄는 중심지라 해도 시장이 들어서는 광장에는 기념물(어떤 신의 제단, 군주의 궁전)이 들어설 수 있으며, 이는 또 다른 사회적 공간의 중심지가 된다. 이 공간들의 조합에 일정한 제도적 복잡성이 부응한다. 즉 거대 시장들은 특수한 형태의 정치적 통제를 요청한다. 또한 이 거대 시장들은 계약에 의해서만 존속되는데, 계약 준수는 다양한 종교적, 법률적 절차에 의해 보장된다. 예를 들어 시장은 휴전의 장소다. 경로의 경우에는 일정 수의 경계와 한계를 거치는데, 잘 알려진 대로 이 경계와 한계의 기능은 자명하지 않으며, 이를 작동하게 하려면 예컨대 일정한 경제적, 제의적 조정이 필요하다.

이 단순한 공간적 형태들은 정치적, 경제적 거대 공간만을 특징짓는 것이 아니라 마을 공간과 가정 공간 또한 규정한다. 장피에르 베르낭Jean-Pierre Vernant은『그리스인들의 신화

와 사유』에서 헤스티아/헤르메스 커플 중 헤스티아가 어떻
게 집 중앙에 놓여 있는 원형 화덕, 스스로 내향적인 집단의
닫힌 공간, 어떤 의미에서는 자기 자신과의 관계 등을 상징
하는지, 반면 문턱과 문의 신이면서 교차로와 마을 입구의
신이기도 한 헤르메스가 어떻게 움직임과 타자와의 관계를
재현하는지를 잘 보여준다.[32] 인류학이 고전적으로 연구한
온갖 공간적 배치 한가운데는 정체성과 관계가 놓여 있다.

　역사도 마찬가지다. 공간에 기입된 모든 관계는 또한 시
간에도 기입되기 때문이고, 방금 우리가 언급한 단순한 공간
적 형태들은 시간 속에서만, 또 시간에 의해서만 구체화되기
때문이다. 우선 이 공간적 형태들의 현실은 역사적이다. 즉
다른 곳에서 종종 그런 것처럼 아프리카에서 마을이나 왕국
의 창건 설화는 일반적으로 온전한 경로를 되새겨 이야기하
는데, 이 경로는 마지막에 결정적으로 확립되기 전까지 다양
한 중단으로 점철되어 있다. 또한 정치적 수도首都처럼 시장
에도 역사가 있다고 알려져 있다. 몇몇 시장은 생겨나지만
다른 시장들은 사라진다. 시장이나 정치적 수도처럼, 어떤
신의 창조나 전래는 연대까지 추정될 수 있고 이 신에 대한
숭배나 성소聖所 또한 마찬가지다. 즉 이 숭배나 성소가 지

<hr>

02　Jean-Pierre Vernant, *Mythe et Pensée chez les Grecs I*, Librairie François
　　Maspero, 1965, pp.124-170.

속되는 한, 다른 곳으로 확장되거나 사라지는 한, 이 숭배나 성소가 성장하고 퇴행하는 공간은 역사적 공간이다.

그러나 실질적으로 일시적인 이 공간의 차원에 대해 한마디 해야 할 것이다. 경로는 시간의 단위나 걷는 데 걸리는 날로 측정된다. 광장 시장은 며칠 동안만 시장의 자격을 유지할 뿐이다. 서아프리카에서 교환이 이루어지는 구역은 쉽게 구별할 수 있는데, 이 구역 내부에서 시장이 열리는 날과 시장이 열리는 장소의 교대가 일주일 내내 이루어진다. 정치적, 종교적 집회나 숭배가 이루어지는 장소는 일시적으로만, 대개 정해진 날에만 봉헌의 대상이 된다. 입문 의식이나 다산多産 제의는 일정 간격을 두고 이루어진다. 즉 종교적, 사회적 일정은 대개 농사 일정에 따라 이루어지고, 제의 활동이 집중되는 장소의 신성성은 주기적으로 교체된다고 말할 수 있는 신성성이다. 다른 한편, 이렇게 해서 몇몇 장소에 결부되어 있고 그 신성한 특성을 강화시키는 데 기여하는 기억의 조건이 만들어진다.『종교 생활의 원초적 형태』에서 에밀 뒤르켐에 따르면 신성의 개념은, 축제와 의식儀式이 주기적으로 교체되는 특성에서 생겨난 회고적 요소와 연결된다.[33] 출애굽을 경축하는 유대교의 유월절이나 옛 전우들의 모임을 뒤르켐이 똑같이 "종교적"이거나 "신성한" 것으

---

33 에밀 뒤르켐, 『종교 생활의 원초적 형태』, 노치준·민혜숙 역, 민영사, 1992.

로 본다면, 이는 이 둘 다 참가자 각자에게 여기에 참여한다는 집단성의 의식을 갖게 할 뿐만 아니라 이전의 기념식을 회상할 기회를 주기 때문이다.

기념물은, 이 말의 라틴어 어원[34]이 뜻하는 대로 영속성이나 최소한 지속성의 확실한 표현이고자 한다. 신들에게는 제단이, 군주들에게는 궁전이나 왕좌가 필요한데, 이는 시간적 우연에 굴복하지 않기 위해서이다. 군주들은 이렇게 해서 세대 간의 연속성을 사유할 수 있었다. 전통적인 아프리카 질병분류학의 해석 하나가 자기 방식대로 표현하고 있는 것은, 어떤 질병의 원인은, 신의 제단을 설립한 사람의 후손이 자기 제단을 소홀히 다루는 것을 보고 신이 노했기 때문이라는 점이다. 살아 있는 사람 앞에 기념비적 환영이 없다면 역사는 단지 추상抽象에 불과하다. 사회적 공간은 직접적 기능이 없는 기념물, 위압적인 석조건축 또는 흙으로 만든 아담한 제단으로 가득 차 있는데, 이에 대해 각 개인은, 이것들 대부분이 자신보다 먼저 존재했으며 자기가 죽고 난 후에도 존속할 것이라는 당연한 감정을 가질 수 있다. 기이하게도, 시간의 연속성을 나타내는 것은 공간 속에서 일련의 단절과 불연속성이다.

---

34 '기념물(monument)'이 라틴어 어원은 'mŏnŭmentum'으로서 '누군가, 또는 뭔가를 떠올리게 하는 모든 것' 또는 '기억을 영속화시키는 것'이란 뜻이다.

비장소

이 공간적 구성의 마술적 효과를 아마 다음의 탓으로 돌릴 수도 있을 것이다. 즉 인간의 신체 자체가 경계, 생명의 중심, 자기 방어와 약점, 자기 갑옷과 자기 결함을 갖고 있는 공간의 일부로 간주된다는 점이다. 최소한 상상력의 차원—그러나 수많은 문화에서 이는 사회적 상징성의 차원과 얽혀 있다—에서 신체는 외부에서 침입할 수 있는 위계화된 혼성 공간이다. 영토의 많은 예가 인간의 신체 이미지에 따라 사유되었다면, 거꾸로 인간의 신체는 흔히들 영토로 사유된다. 예컨대 서아프리카에서는 인격의 구성요소를 장소론의 용어로 파악하는데 이는 프로이트의 장소론을 떠올리게 하지만, 실질적으로 물질이라고 파악된 실재에도 적용된다. 이렇게 해서 현재 가나와 코트디부아르의 아칸_{Akan} 문명에서는 두 개의 '심급'이 각 개인의 정신현상을 규정한다. 이 심급 중 하나가 신체가 드리우는 그림자와 비슷하다는 사실은 그들 존재의 물질적 특성을 직접적으로 증언하고, 신체의 쇠약이 이들 중 하나의 쇠약이나 이탈 탓으로 돌려진다는 사실은 그들 존재의 물질적 특성을 간접적으로 증언한다. 건강은 두 개 심급의 완벽한 일치로 규정된다. 반면 잠들어 있는 누군가를 갑작스럽게 깨워 그를 죽일 수 있다면, 이는 이 '심급' 중 하나인 밤에 떠돌아다니는 분신이 깨는 순간 자기 몸에 다시 들어갈 시간이 없기 때문이다.

　내부 기관 자체 또는 신체의 일정 부분(콩팥, 머리, 엄지발

가락)은 종종 자율적인 것, 때로는 선조先祖의 소재지로 간주되며, 이 때문에 특별한 숭배의 대상으로 간주된다. 신체는 이렇게 해서 일련의 숭배 장소가 된다. 여기서 도유식塗油式과 정화의식의 대상이 되는 구역이 구별된다. 이때 바로 인간의 신체 자체에서 우리가 공간의 구성에 대해 말한 효과가 발휘된다. 꿈의 경로가, 그 중심이라고 간주된 신체에서 너무 멀어지면 위험해진다. 이 중심화된 신체는 또한 선조적인 요소들이 만나고 모이는 곳이기도 한데, 이 모임은 일시적인 육체적 외관보다 먼저 존재했고 또 이후에도 존속할 요소와 관련되기 때문에 기념비적 가치를 갖는다. 때로 신체의 미라화와 무덤의 건립은 신체가 사후에 기념물로 변형되는 것을 완성한다.

이렇게 단순한 공간적 형태들에서 출발해서 우리는 어떻게 개인의 테마와 집단의 테마가 서로 교차하고 결합되는지를 본다. 정치적 상징성은 이런 가능성을 이용해서 군주적 형상의 단위 속에 사회적 집단성의 내적 다양성을 통합하고 상징하는 권위의 힘을 표현한다. 때로 이 정치적 상징성은, 복수적 신체로서의 다른 신체들에서 군주의 신체를 구분함으로써 이를 달성한다. 아프리카에서는 군주가 가진 두 개의 신체라는 테마가 전적으로 타당하다. 현재 코트디부아르의 산위 왕국[36]의 아그니 왕은 이렇게 해서 본래 노예인 자신의 분신을 가지고 있었는데, 앞서 언급한 두 요소 또는 두 심급 중 하나의 이름을 따서 사람들은 이를 에칼라$_{\text{Ekala}}$라고 불렀다. 즉 두 개의 신체와 두 개의 에칼라—자신의 것과 자기 분신 노예의 에칼라—를 갖고 있는 아그니 군주는, 분신 노예의 신체[와 에칼라]가 왕을 겨냥한 온갖 공격을 막아주었기 때문에 아주 효율적인 보호를 받고 있다고 여겨졌다. 이 역할이 제대로 수행되지 못하거나 왕이 죽을 때, 왕의 에칼라는 당연히 그를 죽음까지 따라갔다. 그러나 왕의 신체의 증식보다 더 주목할 만하고 더 확실한 것은 공간의 집중과 응축으로서 여기에 왕의 권위가 자리를 잡는데, 이것이 우리의 주의를 끈다. 아주 빈번하게도 군주에게는 거주지가 할당되고, 더욱이 군주는 왕좌 위에 모습을 드러내는 수 시간 동안 거의 부동의 상태에 처해져 자기 신하들에게 마치 오브제처럼 제시된다. 군주 신체의 이 수동성/육중함이 프레이저를 놀라게 했고 프레이저를 통해 뒤르켐까지 놀라게 했는데, 뒤르켐은 여기서 고대 멕시코, 베냉 만[35] 주변의 아프리카, 그리고 일본과 같이 시간과 공간상으로 서로 멀리 떨어진 왕국들의 공통된 특성을 확인했다. 이 모든 형상의 예에서 특히 주목할 만한 것은, 왕국의 고정된 중심의 기능—이 때문에 군주의 신체는 장시간 동안 최소한의

---

35   산위(Sanwi) 왕국은 17세기 말경 아그니(Agni) 족들이 현재의 코트디부아르 지역으로 이주하면서 세워진 나라다.

부동성 상태에 처하게 된다―을 보장하기 위해 오브제(왕좌, 왕관)나 또 다른 인간의 신체가 일시적으로 군주의 신체를 대체할 수 있는 가능성이다.

이 부동성과 (그 안에 군주의 형상이 자리 잡는) 협소한 한계는 문자 그대로 중심이 되고, 이 중심은 왕국의 영속성을 강화시키며 사회적 신체의 내적 다양성을 바로잡고 통합시킨다. 권력을 그 권력이 행사되는 장소나 권력의 대표자에게 제공한 기념물과 동일시하는 것이 근대 국가에서 정치적 담론의 지속적 규칙이라는 점을 주목해보자. 백악관과 크렘린은 이 이름을 부르는 사람들에게 기념비적 장소이면서 사람들이고 또한 권력 구조다. 연속적 환유에 따라 한 나라를 그 수도首都로, 수도를 통치자가 차지하고 있는 건물명으로 지칭하는 것이 우리에게 익숙하다. 정치적 언어는 당연히 공간적―우파나 좌파를 말할 때 그렇지 않은가?―인데, 이는 아마 통합과 다양성을 동시에 사유할 필요가 있기 때문이다. 중심성은 이중적이면서도 모순적인 지적 제약에 대한 가장 가깝고 가장 생기 있는 표현이면서도 동시에 가장 구체화된 표현이기 때문이다.

경로, 교차, 중심지, 기념물 등의 개념들은 단지 전통적인 인류학적 장소의 기술記述에만 유용한 것은 아니며, 부분적으로 동시대 프랑스의 공간, 특히 그 도시 공간을 설명해준다. 역설적이게도, 이 개념들 덕분에 도시 공간은 특수한 공간으로 특징지어질 수 있지만, 정의상 이 개념들은 비교 기준이다.

흔히들 프랑스가 중앙집권화된 나라라고 말한다. 최소한 17세기 이후 정치적 차원에서는 그렇다. 지방분권에 대한 최근의 노력에도 불구하고, 프랑스는 행정적 차원에서는 중앙집권화된 나라다. (그러나 애초 프랑스 혁명의 이상은 엄격한 기하학적 모델에 따라 행정구역을 분할하는 것이었다.) 프랑스인들의 정신 속에서 프랑스는 중앙집권화된 나라로 남아 있는데, 이는 최소한 애초에는 각기 두 개의 거미줄로 구상된 도로망과 철도망의 조직 때문이며 파리는 이 거미줄의 중심을 점유한다.

더 정확히 말해서, 만약 세계의 그 어떤 수도도 파리처럼 수도로서 구상되지 않았다면, 크기가 각기 다른 한 지역의 [완벽한] 중심이 되기를 갈망하는 그 어떤 프랑스 도시도 없으며, 수십 년이나 수세기가 지나는 동안 이 갈망을 실현시키고 동시에 상징화시킨 기념비적 중심―우리가 '중심도시_centre-ville'라 부르는 것―이 되는 데 성공한 그 어떤 프랑스 도시도 없음을 명확히 해두어야 한다. 가장 소박한 프랑스 도시나 심지어 마을에도 항상 '도심'이 있고, 여기에 하나는 종교적 권위(교회), 다른 하나는 시민적 권위―시청, 부_部_경시청, 큰 도시의 경우에는 경시청―를 상징하는 기념물들이 나란히 서 있다. 교회(대다수의 프랑스 지역에서는 가톨

릭교회)는 광장에 있고, 빈번하게 이 광장을 통해 도시를 가로지르는 길들이 지나간다. 여기서 시청은 결코 멀지 않은데, 이는 시청이 자기 고유의 공간을 명확히 갖고 있고 시청 광장이 교회 광장 옆에 있어도 마찬가지다. 마찬가지로 도심에는, 항상 교회와 시청 근처에, 죽은 자에게 바친 기념물이 서 있다. 세속화世俗化된 구상으로 만들어진 이 기념물은 적합한 종교적 장소는 아니지만, 역사적 가치를 갖는 기념물—지난 두 차례 세계대전에서 죽은 사람들에게 경의를 표하는 것으로 이들의 이름이 돌에 새겨져 있다—이다. 특히 11월 11일[36]과 같은 몇몇 기념일에 민간 당국은 때로는 군사령부와 함께 조국을 위해 희생한 사람들을 추모한다. 이는 앞서 말한 것처럼 '기억의 의례들'로서, 뒤르켐이 종교적 현상에 대해 제안한 확장된 정의定義, 즉 사회적 정의에 부합한다. 이 의례들은, 훨씬 옛날에 산 자와 죽은 자의 친밀성을 더 일상적으로 표현한 장소에서 벌어짐으로써 분명 특별한 효율성을 끌어낸다. 몇몇 마을에서는 중세 시기—이 시기에는 묘지로 둘러싸인 교회가 활발한 사회생활 한가운데 있었다—까지 거슬러 올라가는 배치의 흔적을 아직까지도 찾을 수 있다.

36　제1차 세계대전 휴전기념일. 1918년 11월 11일에 휴전조약을 맺었기 때문에 프랑스에서는 이날을 국경일로 지정해 기념한다.

도심은 사실상 활동적인 장소다. 지방 도시와 마을은 전통적 구상—이 구상에 20세기 전반부 동안 지로두Giraudoux 나 쥘 로멩Jules Romains과 같은 작가들이 문학적 실체를 부여했다— 아래 제3공화정 시기에 출현했고 오늘날에도 아직 상당 부분 남아 있는데, 상당수의 카페, 호텔, 가게들이 모여 있는 곳이 바로 도심이다. 도심은 교회 광장과 시장 광장이 뒤섞이지 않는 경우 시장이 열리는 광장에서 크게 멀지 않은 곳이다. 정기적으로 일주일 간격으로, 일요일과 시장이 열리는 날에 도심이 '활성화'된다. 기술주의적이면서 동시에 의욕적인 도시계획으로 건설된 새로운 도시들에 빈번하게 제기되는 비난은, 한층 오래되고 한층 느린 역사가 만들어낸 삶의 장소와 비슷한 것을 이 도시들이 전혀 제공하지 못한다는 비난이다. 바로 이 삶의 장소에서는 개인들의 경로가 서로 교차되고 뒤섞이며, 서로 말이 오가면서 교회나 시청의 문턱, 카페 카운터, 빵집 문앞에서 잠시 고독을 잊게 된다. 즉 약간 게으른 리듬과 일요일 아침의 수다스러운 분위기는 항상 [파리의 프랑스가 아니라] 지방의 프랑스에 남아 있는 동시대적 현실이다.

이 지방의 프랑스는 크건 작건 상당한 중요성을 가진 중심들의 집합이나 밀집으로 규정될 수 있으며, 이 때문에 규모상 차이가 있는 한 지역의 행정적, 축제적, 상업적 활동이 양극화된다. 경로들의 조직, 다시 말해서 도로체계는 (국가적 중요성을 가진 중심들을 연결하는) 국도와 (지방에서 중요성을 가진 중심들을 연결하는) 지방도의 사실상 아주 밀집된 망을 통해 이 중심들 서로서로를 연결하는데, 이 도로체계는 중심이 여럿이면서 위계화된 배치를 잘 설명해준다. 예전에는 도로에 일정 간격으로 늘어서 있는 킬로미터 표지판에서 가장 가까운 도시권과의 거리와, 이 길이 가로지르는 중요한 첫 번째 도시와의 거리만 언급되어 있었다. 오늘날 오히려 이런 정보들은 훨씬 읽기 쉬운 거대 표지판에 나타나는데, 이는 교통의 증대 및 가속화에 대한 응답이다.

프랑스의 모든 도시권agglomération은 의미 있는 공간의 중심이 되기를, 최소한 특수 활동의 중심이 되기를 갈망한다. 대도시 리옹이 다른 많은 칭호 중 특별히 '식도락의 수도'라는 칭호를 주장한다면, 티에르Thiers와 같은 작은 도시는 '칼붙이 제품의 수도'로, 디구엥Digouin과 같은 큰 읍내는 '도자기의 수도'로, 장제Janzé와 같은 큰 마을은 '토종닭의 요람'으로 불릴 수 있다. 오늘날 이 영광의 칭호들은, 유럽의 다른 도시나 다른 마을과 맺은 자매결연을 언급하는 표지판과 함께 도시권의 진입로에서 보이기 시작한다. 근대성의 증거이자 유럽의 새로운 경제 공간에 통합된 증거를 보여주는 이 표지판들은, 14세기나 15세기 예배당, 성城, 거석 유적, 공예품이나 레이스나 도자기 등의 박물관 등과 같이 이 장소에 있는 역사적 명소 목록을 상세하게 제시하는 다른 표지

비장소

판(과 다른 정보표시판)과 공존한다. 역사적 심층성을 외부에의 개방과 동등한 자격으로, 마치 전자가 후자의 균형을 맞추는 것처럼 주장하는 것이다. 최근에 만들어지지 않은 모든 도시나 마을은 자기 역사를 주장하고, 지나가는 자동차 운전자에게 자기 역사를, 일종의 명함과 같은 일련의 표지판으로 제시한다. 이 역사적 맥락의 설명은 사실상 최근에 이루어졌고, 이는 공간의 재조직화—도시 외곽을 도는 우회로의 신설, 도시권 밖으로 가는 고속도로 거대 축들의 신설—와 동시에 일어난 것인데, 이 공간의 재창조는 거꾸로 역사적 맥락을 증언하는 기념물들을 피해서 이루어짐으로써 이 맥락을 무시하는 경향이 있다. 이 역사적 맥락의 설명은 지나가는 사람이나 관광객을 유도하고 붙드는 경향이 있다고 아주 정당하게 해석될 수 있다. 그러나 이 관점에 약간의 효율성을 부여하려면, 이 역사적 맥락의 설명을 지난 이십 년 동안 논란의 여지없이 프랑스의 감수성에 깊은 영향을 미친, 향토에 뿌리 내린 정체성과 역사에 대한 취향과 결부시켜 봐야 한다. 건립일자가 적힌 기념물은 본래 관심을 불러일으키게 되는 진품의 증거로 제시된다. 이를 통해 풍경의 현재와, 풍경이 암시하는 과거 사이에 간격이 벌어지게 된다. 과거의 암시는 현재를 복잡하게 만든다.

여기에 거리이름 때문에 프랑스의 도시나 시골 공간에 항상 최소한의 역사적 차원이 부여된다는 점을 덧붙여야 한다. 옛날에 거리나 광장은 무언가를 기념하는 곳이었다. 물론 몇몇 기념물의 이름이, 매력이 없지는 않은 중복 표현의 효과 차원에서 이 기념물로 이어지는 거리이름이나 이들이 서 있는 광장이름이 되는 것은, 전통에서 온 것이다. 이 때문에 '역 거리', '극장 거리', 또는 '시청 광장'과 같은 이름은 헤아릴 수 없이 많다. 그러나 가장 빈번하게 도시나 마을에서 주요도로의 이름이 되는 것은 지역이나 국가의 명사名士들이거나 국가사의 거대 사건들이며, 결과적으로 파리와 같은 대도시의 온갖 거리명에 주석을 달아야 한다면 베르생제토릭스에서 드골까지 프랑스의 역사 전체를 다시 써야 할 것이다. 정기적으로 지하철을 타면서 지하철역 근처의 거리나 기념물을 상기시키는 지하철역 이름과 파리의 지하세계에 친숙해진 사람은, (파리 보행자의 특징이 되는) 역사 속으로의 무의식적이고 일상적인 몰입에 참여하게 된다. 파리의 보행자에게는 알레지아, 바스티유, 솔페리노는 역사적 준거일 뿐만 아니라 또는 그 이상으로 공간적 지표다.[37]

37 '알레지아(Alésia)'는 파리 남쪽 14구에 있는 지하철역 이름이다. 본래 알레지아는 프랑스 동쪽 부르고뉴 근처의 지역으로서, 기원전 52년에 골 족 연합군대를 이끈 베르생제토릭스가 율리우스 카이사르가 이끈 로마 군대와 대치한 곳이다. 카이사르는 이 전투에서 승리하여 골 족 전체의 지배권을 확립한다. '바스티유(Bastille)'는 파리 동쪽의 4구, 11구, 14구가 만나는 광장 아래에 있는 시외철역 이름이다. 예저에 바로 이곳에 바스티유 감옥이 있었으며, 1789년 7월 14일 군중이 바스티유 감옥을 점령한 사건은 프랑스 혁명의 시작을 알

이렇게 프랑스에서 길이나 교차로는 그 이름 때문에 역사 속으로 몰입하게 한다는 점에서 증언이나 기억의 의미에서 '기념물'이 되는 경향이 있다. 이 끊임없는 역사에의 참조 때문에 경로, 교차로, 기념물이란 개념들 사이에서 빈번하게 교차가 이루어진다. 역사적 참조가 항상 대규모로 일어나는 도시, 특히 파리에서 이 교차는 특히나 분명하다. 파리에 하나의 중심은 없다. 파리의 중심은 프랑스 도로표지판에서 때로는 에펠탑의 이미지로 나타나기도 하고, 때로는 (에펠탑에서 몇 킬로미터 떨어진 곳에서 센_{Seine} 강의 지류들로 둘러싸인) 시테 섬_{île de la Cité}, 즉 이 수도의 본래적이고 역사적인 심장부를 암시하는 '파리—노트르담 성당'과 같은 언급을 통해 나타난다. 따라서 파리에는 몇 개의 중심이 있다. 행정적 차원에서는 (중앙집권의 정도를 잘 보여주는) 프랑스인들의 정치적 삶에 항상 문제를 일으키는 모호성에 대해 언급해야 하는데, 즉 파리는 스무 개의 구_{區, arrondissement}로 나뉜 도시이면서 동시에 프랑스의 수도다. 파리지앵들은 수차례의 기회를 통해 자신들이 프랑스의 역사를 만들고 있다는 것을 믿게 되었는데, 1789년 프랑스 대혁명의 기억 속에 뿌리내

리는 상징적 사건이다. '솔페리노(Solférino)'는 파리 서쪽 7구에 있는 지하철역 이름이다. 나폴레옹 3세가 1859년 6월 24일 이탈리아 롬바르디아 지역의 솔페리노에서 벌어진 전투에서 오스트리아군에 맞서 승리한 사건을 기념하는 의미로 붙인 이름이다.

리고 있는 이 확신은 때로는 국가 권력과 시의회 권력 사이에서 긴장을 초래하기도 했다. 1848년 혁명기를 짧은 예외로 하면, 1795년 이후 최근까지도 파리 시장[이란 직책]은 없었고, 단지 수도를 20개 구로 분할한다는 결정과 센_Seine_ 도지사와 경찰청장의 공동후견을 받는 20개의 구청이 있었다. 시의회는 1834년 이후에 생겼을 뿐이다. 몇 년 전 수도의 지위를 개혁하고 자크 시라크가 파리 시장이 되었을 때, 시라크가 공화국 대통령이 되는 데 이 지위가 도움이 되는가, 아닌가라는 질문을 둘러싸고 정치적 논쟁이 있었다. 어쨌거나 프랑스인 여섯 명 중 한 명이 집결한 한 도시를 경영하는 것 자체가 시라크의 목적이라고는 진정 아무도 생각하지 않았다. 물론 역할이 각기 다르지만, 구별 자체가 의문시되는 파리에 있는 세 개의 궁전(엘리제, 마티뇽, 파리 시청[38])—여기에 최소한 (상원이 자리 잡고 있는) 뤽상부르 궁전과 (하원이 자리 잡고 있는) 국회처럼 이와 동등한 중요성을 가진 두 개의 기념물을 덧붙여야 할 것이다—은 다음의 사실을 보여준다. 즉 지리적인 은유가 우리의 정치적 삶을 훨씬 더 쉽게 설명해주는 만큼, 우리의 정치적 삶은 중앙집권화되기를 바라며 권력과 기능의 구별에도 불구하고 항상 (모든 것이 출발

38　엘리제는 파리 8구에 있는 프랑스 대통령의 집무 및 거주 공간이며, 마티뇽은 파리 7구에 있는 총리의 집무 및 거주 공간이고, 파리 시청은 파리 중심부인 파리 4구에 있다.

하고 모든 것이 되돌아오는) 중심의 중심을 규정하거나 알아보기를 바란다는 것이다. 권력의 중심이 엘리제에서 마티뇽으로 이동하고 있는지, 나아가 마티뇽에서 (헌법재판소가 자리 잡고 있는) 팔레루아얄로 이동하고 있는지를 알아보려고 우리가 어쩌다가 질문을 던질 때, 명백히 이는 단순한 은유만은 아니다. 즉 프랑스에서 민주적 삶에 내재된 긴장되고 기복이 심한 특성이 (모두가 이론적으로는 동의하는) 복수성, 민주성, 균형성이라는 정치적 이상과, 이 이상과 거의 공존할 수 없으며 역사에서 물려받은 정부의 지정학적, 지적 모델—이 때문에 프랑스인들은 끊임없이 기반을 다시 생각하고 중심을 다시 규정하게 된다—사이의 긴장에서 어느 정도 기인한 것이 아닌지 질문할 수 있다.

예전처럼 많지는 않지만 아직 어슬렁거릴flâner 시간을 갖고 있는 파리지앵들에게, 지리적 차원에서 파리의 중심은 센 강 흐름을 따라가는 경로일 수도 있다. 이 경로에는 유람선 '바토무슈bateau-mouches'가 오르내리는데 이 배에서 수도에 있는 대부분의 역사적, 정치적 기념물을 바라볼 수 있다. 그러나 또한 광장, 기념물이 들어서 있는 교차로(에투알, 콩코르드), 그 자체가 기념물인 건물(오페라, 마들렌), 여기로 이어지는 간선도로(오페라 거리, 페 거리, 샹젤리제 거리) 등과 동일시될 수 있는 다른 중심들도 있다.[39] 마치 프랑스의 수도에서는 모든 것이 중심이자 기념물이 되어야 하는 것 같다.

이는 사실상 약간은 현재의 상황에 들어맞는데, 비록 서로 다른 구區의 독특한 특성들이 희미해지기는 해도 그렇다. 알려져 있다시피 각 구는 자기만의 특성을 갖고 있었다. 이 점에서 파리를 예찬하는 상투적인 노래들이 전혀 근거가 없는 것은 아니며, 확실히 오늘날에는 각 구에 대해, 각 구의 기능에 대해, 미국 인류학자들이 사용하는 의미대로 각 구의 '개성'에 대해서뿐만 아니라, 또한 종족적이고 사회적인 구성을 변화시키는 각 구의 변모와 인구변동에 대해 섬세하게 묘사할 수 있을 것이다. 대개는 14구와 15구에서 벌어지는 레오 말레Léo Malet의 탐정소설은 1950년대에 대한 향수를 불러일으키지만, 아직까지 시대에 뒤떨어진 것은 아니다.[40]

그럼에도 불구하고 파리에서 일하는 사람들은 항상 많지만 파리에 사는 사람들은 갈수록 줄어들고 있고, 이 변화는 프랑스에서 벌어지는 훨씬 더 일반적인 변동을 보여주는

---

39 '별'을 뜻하는 에투알(Étoile) 교차로의 정식 이름은 샤를 드골 광장이며 여기에는 개선문이 서 있고, 콩코르드 광장 교차로에는 오벨리스크가 서 있다. 파리 9구에 있는 오페라는 오페라를 상연하는 극장 건물을 가리키며, 마들렌은 파리 8구에 있는 성당이다. 오페라 앞의 대로 이름은 오페라 거리이며, 평화를 뜻하는 '페(Paix)' 거리는 오페라 광장까지 이어진다. 드골 광장에서 콩코르드 광장까지 이어지는 길이 유명한 샹젤리제 거리다.

40 레오 말레(1909-1996)는 프랑스의 초현실주의 시인이자 탐정소설의 창시자로 □ 꼽히는 작가이다. 파리의 각 구에서 일어난 사건들을 다룬 〈파리의 새로운 미스터리〉 시리즈로 유명하다.

기호로 보인다. 아마 우리의 풍경 뒤에 맴돌고 있는 역사와의 관계는 탐미화되고 있고, 이와 동시에 탈사회화되고 있는 중이며 인위적으로 바뀌고 있다. 물론 우리는 [10세기 프랑코 왕국의 왕] 위그 카페Hugues Capet와 1789년 프랑스 대혁명을 똑같은 마음으로 기념한다. 우리는 항상 우리 공통의 과거와 서로 다른 관계를 맺고 있다는 사실에서 출발해서, 이 과거에 깊은 영향을 미친 사건들에 대한 상반된 해석에서 출발해서 우리 자신과 매정하게 대면할 수도 있다. 앙드레 말로 이후 우리가 사는 도시는 박물관—표면을 모두 닦아내고 전시되며 불을 밝힌 기념물, 유보 구역, 보행자 거리—으로 바뀌고 있지만, 우회로, 고속도로, 고속철도, 초고속도로는 이로부터 우리를 갈라놓는다.

그러나 이 우회에는 회한의 감정이 없지 않다. 향토의 영광과 역사의 흔적을 모르면 안 된다고 우리에게 손짓하는 수많은 표지판에서 이를 느낄 수 있다. 역설적인 것은, 옛 기념물들을 방문해 볼 것을 유도하는 표지판이 서 있는 곳이 도시의 입구이며, 대형 주거단지나 공업 구역이나 대형 마트 등이 들어서 있는 음울한 공간이라는 것이다. 단지 우리는 지나갈 뿐인데도, 우리를 붙잡는 지역 명소들을 가리키는 표지판들은 고속도로를 따라 점점 늘어난다. 마치 시간에 대한 암시, 오래된 장소들에 대한 암시가 오늘날 현재의 공간에 대해 말하는 하나의 방식에 지나지 않는 것처럼.

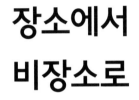

장소에서
비장소로

현재를 침범하고 또 그에 대한 소유권을 주장하는, 현재 속에서의 과거의 현존. 장 스타로뱅스키_{Jean Starobinski}는 바로 이러한 양립 속에서 근대성의 핵심을 본다. 이와 관련해 그는 최근의 한 논문에서 다음과 같은 점을 지적한 바 있다. 즉 예술에서 탁월하게 근대성을 대표하는 작가들은 "다성성多聲性의 가능성"을 지녔다는 것이다. 그 다성성 속에서 "운명, 행위, 사유, 추억은 세속의 낮 시간을 알리며 울리는, 그리고 고대의 의례가 거기서 차지했던(아직도 차지하고 있을) 자리를 나타내는 낮은 음의 행진 위에 거의 무한히 얽힐 수 있다". 그는 다음과 같은 텍스트들을 인용한다. "나 이제 신의 제단으로 나아가리이다*Introibo ad altare Dei*"라는 전례식의 말씀이 울려 퍼지는 제임스 조이스의 『율리시즈』의 처음 몇 페이지, 콩브레 마을의 종탑 주위에서 시간의 원무가 '부르주아지의 광막하고 특이한 하루…'의 리듬을 정렬하는 『잃어버린 시간을 찾아서』의 시작 부분, 혹은 "종교 학교의 추억들, 아침의 라틴어 기도, 정오의 식전 기도, 저녁의 삼종 기도가 존재, 상상, 역사적 과거의 매 시간으로부터 비롯한 각종 견해, 무산된 계획, 온갖 종류의 인용문 가운데서 좌표를 정해주지만, 핵심적인 비밀 주위에서 명백히 무질서하게 증식하게 되는" 클로드 시몽_{Claude Simon}의 『이야기』. "근대 작가가 그로부터 벗어난 순간에조차 그것을 잊지 않았음을 보여주고자 하는 연속적인 시간성의 이 전근대적 형상들"은

한 세계의 특유한 공간적 형상이기도 하다. 자크 르 고프는 그 세계가 중세 이래 어떻게 교회와 그 종탑을 둘러싸고 다시 중심이 잡힌 경관과 다시 질서 잡힌 시간의 화해를 통해 구축되었는지 보여준 바 있다.[41] 스타로뱅스키의 논문은 의미심장하게도 보들레르의 「파리 풍경」[42]에 실린 첫 번째 시를 인용하면서 시작한다. 그 시에서 근대성의 스펙터클은 단일한 시적 비상 속에서 합쳐진다.

> … 노래하고 수다 떠는 작업장
>
> 굴뚝, 종탑, 도시의 저 돛대들,
>
> 그리고 영원을 꿈꾸게 하는 창대한 하늘

"낮은 음의 행진". 예전의 장소와 리듬을 환기시키기 위해 스타로뱅스키가 쓴 이 표현은 중요한 의미를 지닌다. 근대성은 예전의 장소와 리듬을 지우는 것이 아니라 이들을 배경에 놓는다. 예전의 장소와 리듬은 지나가는 시간, 살아남는 시간의 지표와도 같다. 예전의 장소와 리듬은 이들을 표현하고 이후에도 표현할 단어처럼 영속한다. 예술에서의

---

41 자크 르 고프, 『서양중세문명』, 유희수 역, 문학과 지성사, 2008 참조.

42 샤를 보들레르의 『악의 꽃』의 두 번째 장의 제목. 18편의 시로 이루어진 이 장은 1057년 출간된 『악의 꽃』의 초판에는 없었지만, 1861년 재판을 찍을 때 추가되었다. 여기서 인용된 시의 제목은 「풍경」이다.

비장소

근대성은 장소의 모든 시간성을 공간과 말 속에 고정된 그대로 보존한다.

경관의 두드러진 지점들과 시간의 원무 이면에는 말과 언어가 있다. "노래하고 수다 떠는" 작업장의 말과 대조를 이루는 "고대의 의례"나 전례식에 특화된 말, 같은 언어로 말하면서 그들이 같은 세상에 속해 있음을 인식하는 모든 이들의 말 또한 그렇다. 장소는 말에 의해 완성된다. 발화자들의 은밀한 공모와 친밀성 속에서 몇 마디 암호 같은 말의 암시적인 교환. 그래서 뱅상 데콩브Vincent Descombes는 프루스트 소설에 나오는 프랑수아즈에 관하여 그녀의 추론을 따를 수 있는 모든 이들과 함께, 그리고 경구, 어휘, 논증 유형들이 『잃어버린 시간을 찾아서』의 화자가 '콩브레의 철학'이라고 불렀던 '우주론'을 구성하는 모든 이들과 함께 그녀가 "수사적" 영토를 공유하고 규정한다고 쓴다.

장소가 정체성과 관련되며 관계적이고 역사적인 것으로서 규정될 수 있다면, 정체성과 관련되지 않고 관계적이지도 않으며 역사적인 것으로 정의될 수 없는 공간은 비장소로 규정될 것이다. 여기서 내가 주장하는 가설은 초근대성이 비장소들을 생산한다는 것, 다시 말해 그 자체로 인류학적인 장소가 아니며 보들레르식 근대성과는 대조적으로 예전의 장소들을 통합하지 않는 공간들을 생산한다는 것이다. '기억의 장소'로 목록화되고 분류되고 승격된 이 예전의 장소들은 초근대성 속에서 제한적이고 특수한 자리를 차지한다. 사람들이 산부인과에서 태어나고 종합병원에서 죽는 세상, 호화롭거나 비인간적인 양태를 띤 일시적인 점유와 통과 지점들(호텔 체인, 무단 점거squats, 바캉스 클럽, 망명자 캠프, 철거되거나 영영 썩어 들어갈 판자촌)이 증식하는 세상, 거주 공간이 되기도 하는 교통수단들의 조밀한 네트워크가 발전하는 세상, 대형 매장, 자동판매기, 신용카드에 익숙해진 사람들이 '소리 없는' 상거래의 몸짓과 다시 관계 맺는 세상, 그리하여 고독한 개인성, 일시성, 임시성, 찰나성이 약속된 이 세상은 인류학자나 다른 연구자들에게 새로운 대상을 제시한다. 그 대상이 어떤 시선[학문]의 소관인지 자문하기에 앞서 그 참신한 차원을 헤아려보는 편이 바람직할 것이다. 당연히 그것은 비장소의 문제인 만큼이나 장소의 문제이기도 하다는 점을 덧붙여두자. 그 대상은 결코 순수한 형태로 존재하지 않는다. 장소들이 거기서 재조합된다. 관계들이 거기서 재구성된다. 미셸 드 세르토가 그렇게나 섬세한 분석을 내놓았던 '일상의 발명'과 '행위술'의 '아주 오랜 기지'가 거기서 길을 트고 각종 전략을 펼친다. 장소와 비장소는 명확히 잡히지 않는 양극성에 가깝다. 전자는 결코 완전히 지워지지 않으며 후자는 결코 전적으로 실현되지 않는다. 이들은 정체성과 관계의 뒤얽힌 게임이 끊임없이 다시 기입되는 양피지들이다. 그런데 비장소는 시대의 척도, 계량화

98   비장소

할 수 있는 척도다. 우리는 면적과 부피와 거리를 서로 전환시킴으로써 항공로, 철도 노선, 고속도로와, '교통수단'으로 불리는 이동조종실(비행기, 기차, 자동차)과 공항, 역, 우주항공기지, 거대 호텔 체인, 놀이공원, 대형 유통매장, 끝으로 복잡하게 얽힌 유무선 네트워크—이것은 종종 개인이 자신의 또 다른 이미지하고만 접촉할 뿐인 아주 이상한 커뮤니케이션을 목적으로 지구밖 공간을 동원한다—를 합산해서 비장소를 가늠할 수 있을 것이다.

장소와 비장소의 구분은 장소와 공간의 대립을 거쳐서 이루어진다. 미셸 드 세르토는 장소$_{lieu}$와 공간$_{espace}$ 개념에 대한 분석을 제시한 바 있는데, 이 분석은 여기서 피해갈 수 없는 사전 검토 대상이다. 그는 '장소' 대 '비장소' 식으로 '장소'와 '공간'을 대립시키지 않는다. 그에게 공간은 '실천된 장소', '이동하는 것들$_{mobiles}$이 교차하는 곳'이다. 도시계획에 의해 기하학적으로 장소로서 규정된 길을 공간으로 변형시키는 것은 보행자들이다. 모종의 질서 속에 공존하는 요소들의 총체로서 장소, 그리고 이동하는 것들이 움직임으로써 활성화되는 장소로서 공간을 비교하는 작업은 그 용어들을 명확히 하는 몇몇 준거점에 조응한다. 첫 번째 준거점 (p.173)은 메를로퐁티의 것이다. 그는 『지각의 현상학』에서 '기하학적 공간'을 '인류학적 공간'과 구분한다. '실존적' 공간으로서 인류학적 공간은 '환경과의 관계' 속에서 본질적으로 위치 지어진 존재의 세계에 대한 관계 경험의 장소이다.
두 번째 준거점은 파롤parole과 발화행위acte de locution에 대한
것이다. "공간이 장소와 맺는 관계는, 단어가 말해질 때 이
단어가 되는 것[과 이 단어 사이]의 관계와 같다. 그러니까 단
어가 모호한 실행 속에서 포착되었을 때, 복수複數의 규약들
에 의해 지배받는 하나의 항으로 변화되었을 때, 현재(혹은
하나의 시점)의 행위로서 발화되었을 때, 그리고 연이어 있
는 이웃항들이 유발한 전환에 의해 변모되었을 때 되는 것
말이다…"(p.173) 세 번째 준거점은 두 번째 것으로부터 나
오며, 끊임없이 "장소를 공간으로 혹은 공간을 장소로 변환
시키는" 작업으로서의 이야기récit를 중시한다. 그로부터 자
연스럽게 '하기faire'와 '보기voir'가 구분된다. 이 구분은 하나
의 그림을 제안하고('…이 있다') 다음으로 움직임을 조직하
는('당신은 들어간다, 당신은 가로지른다, 당신은 돌아선다…') 일
상어에서도, 또 지도의 지표들에서도 찾을 수 있다. 기본적
으로 여정과 편력의 흔적을 담고 있는 중세 지도에서부터
'도정道程의 기록자'는 사라지고 '잡다한 출처들'을 기반으로
지리학적 지식의 '일람표'를 제시하는 더 최근의 지도에 이
르기까지 말이다.[43] 마침내 이야기, 특히나 여행담은 '하기'
와 '보기'의 이중적 필연성(걷기와 몸짓의 이야기는 그것으로부
터 비롯한, 혹은 그것을 허용한 장소들에 대한 언급으로 점철된다)
과 함께 이루어진다. 그런데 그것은 결정적으로 세르토가

비장소

"횡단하고" "위반하고" "일람표에 대한 도정의 우위"를 확고히 하기 때문에(p.190) '일탈'이라고 부른 것의 영역에 속한다.

이 지점에서 몇몇 용어를 정확히 정의할 필요가 있다. 우리가 여기서 정의하는 대로 하자면 장소는 세르토가 기하학적 형상 대 운동, 발화되지 않은 말 대 발화된 말, 혹은 일람표 대 도정이라는 구도 속에서 공간과 대립시키는 장소와는 상당히 다르다. 그것은 의미가 기입된 상징화된 장소, 곧 인류학적 장소이다. 장소가 생동하려면, 또 도정이 실현되려면 당연히 이 의미가 작동해야만 한다. 이 운동을 기술하기 위해 공간이라는 용어를 쓴다 해도 아무런 문제가 없을 것이다. 하지만 그것이 우리의 논지는 아니다. 우리는 인류학적 장소 개념 속에, 거기서 실현되는 도정의 가능성과 이와 결부된 담론의 가능성과 그곳을 특징짓는 언어의 가능성 모두를 포함시킨다. 그리고 공간 개념은, 오늘날 그것이 쓰이는 방식으로는(서정적이기보다는 결국 기능적인 용어로 공간 정

---

43 『일상의 발명』에서 세르토는 서구에서 지도가 역사적으로 어떻게 변화해왔는지에 대한 간략한 고고학을 제시한다. 그에 따르면, 중세의 지도는 알레고리로 가득 찬 여정의 이야기이자, 어느 마을에서 멈추거나 묵고 기도해야 할지 행동을 처방하는 메모장과도 같았다. 15세기부터 지도는 점차 여정들로부터 분리되며 자율화되기 시작했고, 19세기 이후엔 엄밀하게 코드화되고 표준화되면서 알레고리도 완전히 사라진다. 지도가 '실재'의 충실한 재현인 양 제시되는 것은 이러한 맥락에서이다. Michel de Certeau, *L'invention du quotidien 1. Arts de faire*, Paris, Gallimard, 1990, 9장 참조.

복[즉 우주 정복]이라고 말한다든지, 또는 여행사, 호텔, 레저 기관에서 이름이 없거나 이름을 붙이기 힘든 장소를 더 낫게, 아니 적어도 너무 나쁘지 않게 지칭하기 위해, '만남의 장소' 비슷하게 이미 정형화되어버린 최근의 언어로 '레저 공간', '게임 공간'이라고 지칭하는 등) 특징이 부여되지 않았다는 사실 덕분에, 상징화되지 않은 지구 표면들에 유용하게 적용될 수 있는 것으로 보인다.

따라서 우리는 장소라는 상징화된 공간을 비장소라는 상징화되지 않은 공간에 대립시키려는 유혹을 느낄 수도 있을 것이다. 하지만 이는 우리가 지금껏 견지해온 비장소에 대한 부정적인 정의에 우리를 붙잡아 놓을지도 모른다. 미셸 드 세르토가 공간 개념과 관련해 제안한 분석 덕분에 우리는 비장소에 대한 부정적인 정의를 넘어설 수 있다.

'공간'이라는 용어는 그 자체로 '장소'라는 용어에 비해 더 추상적이다. 장소라는 용어를 쓰면서 우리는 적어도 하나의 사건(어떤 장소에서 일어났던 것), 신화(특별한 명칭이 있는 장소), 혹은 역사(유명한 장소)를 참조한다. 그런데 공간은 하나의 영역, 두 개의 사물이나 두 지점들 간의 거리(울타리의 각 말뚝 사이에는 2미터의 '공간'이 있다), 또는 시간적 크기('일주일 간격으로')에 무차별적으로 적용된다. 따라서 그것은 매우 추상적이다. 그것이 오늘날 일상적인 언어 속에서나, 우리 시대를 대표하는 몇몇 제도의 특수한 언어 속에서 체계식이

비장소

지만 여전히 미분화된 방식으로 쓰인다는 점은 의미심장하다. 『라루스 도해 대사전』은 국가가 항공 운항을 통제하는 일부 대기권을 가리키는 '영공'(이는 해상 영역에서의 대응 개념인 '영해'보다는 덜 구체적이다)이라는 표현을 별도로 강조하면서, 이 용어의 유연성을 보여주는 다른 용례들 또한 언급한다. '유럽 사법공간'이라는 표현은 경계의 관념이 함축되어 있음을 알려주지만, 이 관념을 제외하면 거기서 표현되는 것은 구체적인 위치를 제대로 규정할 수 없는 규범적이고 제도적인 총체일 따름이다. '광고공간'이라는 표현은 '상이한 미디어에서 광고를 싣기 위한 목적으로 할애되는' 일부 지면이나 시간에 일률적으로 적용된다. 그리고 '공간 구매'라는 표현은 '광고대행사가 광고공간에서 실행하는 작업들'의 총체에 적용된다. 공간이란 단어는 공연이나 회합 장소(파리의 '에스파스 카르댕Espace Cardin', 라 가실리La Gacilly의 '에스파스 이브 로셰Espace Yves Rocher'), 정원('녹색공간'), 비행기 좌석('에스파스 2000'), 또는 자동차(르노의 '에스파스')에도 잘 적용된다. 이 '공간'이라는 용어의 유행은 동시대를 사로잡고 있는 주제들(광고, 이미지, 여가, 자유, 이동)과 더불어, 그것들을 갉아먹고 위협하는 추상성을 동시에 증언한다. 마치 동시대 공간의 소비자들이 무엇보다도 공허한 말로만 만족할 처지에 놓이게 된 것처럼.

미셸 드 세르토는 이렇게 썼다. 공간을 실천하는 것은

"조용하면서도 기쁨에 넘치는 어린 시절의 경험을 되풀이하는 것이다. 그것은 장소 안에서 타자가 되고 타자로 이행하는 것이다."(p.164) 조용하면서도 기쁨에 넘치는 어린 시절의 경험이란, 최초의 여행 경험이다. 그것은 자기를 자기로서, 그리고 타자로서 인식하고 차별화하는 원초적 경험으로서의 탄생의 경험이다. 그것은 공간에 대한 최초의 실천으로서의 걷기 경험, 그리고 자기 이미지에 대한 최초의 동일시로서의 거울 경험 속에서 되풀이된다. 모든 이야기는 어린 시절로 되돌아온다. '공간의 이야기들'이라는 표현에 의지하면서, 세르토는 장소들을 '횡단하고' '조직하는' 이야기들에 관해서("모든 이야기는 여행담이다…", p.171), 그리고 이야기의 글쓰기를 구성하는 장소에 관해서("…책읽기는 기호체계가 구성하는 장소의 실천에 의해 생산된 공간이다", p.173) 동시에 말하고자 한다. 하지만 책은 읽히기 전에 씌어진다. 그것은 하나의 장소를 구성하기 이전에 상이한 장소들을 거친다. 여행담은 여행처럼 복수의 장소들을 가로지른다. 장소들의 이 복수성, 그 복수성 때문에 시선과 서술에 부과되는 과잉(어떻게 모든 것을 볼 것인가? 어떻게 모든 것을 말할 것인가?), 그리고 그로부터 비롯되는 '생소함'의 효과(예를 들면, 우리는 순간을 포착한 사진을 두고 "자, 이것 봐봐, 파르테논 신전 앞에 있는 사람이 나야"라고 설명하다가 문득 "그런데 내가 여기서 뭐하고 있었지?"하며 잠시 망연자실해하겠지만, 곧 다시 성신을 차릴 것이다) 때문에 여행자–관객과 그가 편력하는 혹은 관조하는 경관 공간 사이에 하나의 단절이 생겨난다. 이 단절로 인해 여행자–관객은 거기에서 장소를 보거나 온전히 그곳에 현존하기가 힘들다. 비록 그가 관광 안내서나 여행담들이 제시하는 다양한 세부 정보들로 이 공백을 메우려 한다 해도 말이다.

미셸 드 세르토가 '비장소'에 대해 말할 때, 그것은 장소의 부정적인 속성, 즉 장소에 부여된 이름이 부과하는, 장소가 장소에 부재하는 상황을 암시한다. 고유명사는 장소에 "타자(이야기…)로부터 온 하나의 명령"을 부과한다고 그는 우리에게 말한다. 사실 어떤 여정을 기술하면서 여기 등장하는 지명들을 말하는 사람이 반드시 그 장소들에 관해 대단한 것을 알지는 못한다. 하지만 이름만으로도 장소 안에 "타자의 법칙이 거기 파고 들어갈 침식 또는 비장소"(p.159)를 만들어내기에 충분하지 않을까? 미셸 드 세르토는 모든 여정이 어떤 의미에서는 거기에 "그때까지 예측할 수 없었던 의미(또는 방향성)를 주는" 이름들에 의해 "빗겨난다"고 적시한다. 그리고 그는 이렇게 덧붙인다. "이 이름들은 장소들 안에 비장소를 창조한다. 그것들은 장소를 거쳐 가는 곳으로 변형시킨다."(p.156) 우리는 반대로 이렇게 말할 수도 있다. 거쳐 간다는 사실이 장소의 이름에 특별한 위상을 부여한다는 것, 타자의 법칙이 빚어내고 시선이 길을 잃게 되는 균열이야말로 모든 여행의 지평(장소들의 추가, 장소의 부정)이라는 것, 그리고 "선들을 옮겨놓고" 장소들을 가로지르는 움직임이 본래 여정, 즉 말과 비장소의 창조자라는 것.

하나의 장소가 아닌 장소**들**의 실천으로서 공간은 사실 이중의 이동으로부터 나온다. 하나는 당연히 여행자의 이동이며, 다른 하나는 그와 나란히 일어나는 경관paysages의 이동이다. 여행자는 그 경관에 대해 부분적인 경치, 기억 속에서 무질서하게 더해진 '스냅사진들'밖에는 결코 확보할 수 없다. 그가 돌아와서 주변 사람들에게 내놓을 평에 담긴 일련의 슬라이드들 속에서, 혹은 그가 만든 이야기 속에서 문자그대로 재조합된 '스냅사진들' 말이다. 여행(민족학자가 '혐오할' 정도로 불신하는[44])은 시선과 경관 사이에 허구적 관계를 구축한다. 만일 우리가 구체적으로 여행을 규정하는 장소들의 실천을 '공간'으로 부른다면, 개인이 스펙터클의 성격에 별로 개의치 않으면서도 스스로를 관객으로 느끼는 공간들이 있다고 덧붙여야만 한다. 마치 관객의 위치가 스펙터클의 핵심을 구성한다는 듯, 또 결국엔 관객의 위치에 있는 관객이 그에게는 자신만의 고유한 스펙터클이라는 듯. 많은 관광 안내서들이 여행 애호가에게 그러한 우회, 시선의 우

---

44   『슬픈 열대』의 유명한 첫 문자을 암시한다. "나는 여행과 탐험가들을 혐오한다." 클로드 레비스트로스, 『슬픈 열대』, 박옥줄 역, 한길사, 1998.

회를 권한다. 무한한 대양, 둥그렇게 쭉 이어진 눈 쌓인 산들, 마천루로 뒤덮인 도시의 지평 저 편의 소실선을 유심히 바라보면서 혼자 있거나 모여 있는, 호기심 가득한, 감상에 잠긴 얼굴들의 이미지를 미리 그에게 제시하면서 말이다. 그것은 요컨대 여행자 자신에 관해서만 말하지만 다른 이름(타히티, 알프 뒤에즈,[45] 뉴욕)을 달고 있는 그의 이미지, 예견된 그의 이미지인 셈이다. 이렇게 여행자의 공간은 **비장소**의 원형일 터이다.

움직임은 여러 세계의 공존에, 그리고 인류학적 장소와 더 이상 인류학적 장소가 아닌 장소의 결합된 경험(스타로뱅스키는 실질적으로 이 경험으로 근대성을 정의한다)에 어떤 형태의 고독이라든지, 문자 그대로의 의미에서 '위치 잡기'라는 특수한 경험을 덧붙인다. 이는 자신이 경탄하며 주시해야 할 의무가 있는, 그렇게 하지 않을 수 없는 경관 앞에서 '포즈를 취하며' 이러한 태도를 의식하면서 종종 멜랑콜리에 젖은 드문 기쁨을 끌어내는 사람의 경험이다. 그러므로 전문적인 여행가나 학자들이 아니면서 즉흥적으로 길을 나서거나 우연히 여행을 떠나게 된 19세기의 고독한 '여행자들' 가운데서 우리가 어떤 공간의 예언적인 환기를 발견할 수 있는 것은 놀라운 일이 아니다. 정체성도 관계도 역사도 진

---

45   스키장으로 유명한 프랑스의 휴양도시

정으로 의미를 가지지 않고, 고독이 개인성의 초월 혹은 제거처럼 느껴지는 공간들, 이미지들의 움직임만이 그것들을 바라보는 이에게 때때로 어떤 과거의 [존재에 대한] 가정과 미래의 가능성이 달아나는 것을 힐긋 보여주는 공간들 말이다.

우리는 여기서 여행으로의 초대에 만족한 보들레르보다는 샤토브리앙을 훨씬 더 염두에 두고 있다. 그는 실제로 끊임없이 여행했고 뭔가 볼 줄 아는 사람이었는데, 특히나 문명들의 죽음, 옛날에 빛을 발했던 경관들의 파멸이나 쇠락, 무너진 유적들의 실망스러운 잔해를 보았다. 사라져버린 스파르타라든지, 고대에 그 나라가 얼마나 찬란했는지 모르는 침략자에 의해 점령당한 폐허가 된 그리스는 '잠시 머물다가는' 여행자에게는 잃어버린 역사와 흘러가는 삶이라는 이미지를 동시에 가져다준다. 그런데 그를 유혹하고 사로잡는 것은 여행의 움직임 자체다. 이 움직임은, 그 이미지를 고정시키고 반복하는 글쓰기를 뺀다면, 그 자체 이외의 다른 목적을 갖지 않는다.

『파리에서 예루살렘까지의 여정』의 첫 서문에서부터 모든 것이 분명하게 이야기되었다. 샤토브리앙은 거기서 그가 '글쓰기를 위해' 여행을 했다는 사실을 부인하면서도 여행을 통해 『순교자들 *Les Martyrs*』이란 책을 쓰기 위한 '이미지들'

비장소

을 찾고자 했다고 시인한다.[46] 그는 학문을 요구하지는 않는다. "나는 조금도 샤르댕Chardin, 타베르니에 Tavernier, 챈들러Chandler, 뭉고 팍Mungo Park, 훔볼트Humboldt의 흔적들을 따라 걷지는 않는다…"(p.19) 그래서 저자가 고백한 대로 이렇다 할 목적성이 없는 이 저작은 모순적인 욕망, 저자 자신에 관해서만 말하면서 다른 사람들에게는 그것을 조금도 말하지 않겠다는 욕망에 부응한다. "뿐만 아니라, 우리는 곳곳에서 저자보다는 인간을 훨씬 더 많이 보게 될 것이다. 나는 영원히 나 자신에 관해 말한다. 나는 안심하고 그렇게 했는데, 회고록을 출간할 생각은 전혀 없었기 때문이다."(p.20) 방문객이 중시한, 또 작가가 기술한 전망 포인트들은 명백히 일련의 특출한 지점이 나타나는 곳들이다("… 동쪽의 히메토스산, 북쪽의 펜탈리콘산, 북서쪽의 파르네스산…").[47] 하지만 관조는 의미심장하게도 그것이 스스로에게 되돌아오고 스스로를 대상으로 취하면서 과거와 미래의 불분명한 수많은 시선들 속에서 용해되는 순간 완수된다. "아티카[48]의 이러한 장면, 내가 관조했던 스펙터클은 이천 년 전부터 지긋이 감

---

46 『파리에서 예루살렘까지의 여정』은 1811년에, 『순교자들, 또는 기독교 신앙의 승리』는 1809년에 각각 출간되었다.

47 여기 나온 산들은 모두 그리스 아테네의 아크로폴리스를 중심에 놓고 바라봤을 때 보이는 산들이다.

48 고대 그리스의 한 지방으로 그 중심은 아테네이다.

긴 눈들에 의해 명상의 대상이 되었다. 이번에는 내가 지나
갈 것이다. 나처럼 잠시 지나쳐가는 또 다른 사람들이 동일
한 잔해를 앞에 두고서 동일한 성찰을 할 것이다…"(p.153)
이상적인 전망 포인트는 거리감에 움직임의 효과를 더해주
는, 멀어져가는 배의 지점이다. 사라져가는 육지를 암시하
는 것만으로도 아직 그것을 바라보고자 하는 승객을 환기시
키기에 충분하다. 이 암시마저도 이윽고 하나의 그림자, 하
나의 루머, 하나의 소음에 지나지 않게 될 것이다. 이와 같
은 장소의 폐지는 또한 여행의 절정이자 여행자의 궁극적인
자세다. "우리가 서로 멀어져갈수록 수니움$_{Sunium}$ [49]의 원주
들은 물결 위로 더욱 아름답게 보였다. 그것들은 너무도 하
얗고 밤은 고요했기에 쪽빛 하늘 위로 완벽히 알아 볼 수 있
었다. 우리는 이미 곳에서 꽤 멀리 있었다. 우리의 귓가엔
아직도 바위 주변에서 요동치는 파도 소리, 노간주나무들
사이로 바람이 웅얼거리는 소리, 그리고 지금은 신전의 잔
해에서 홀로 살아가는 귀뚜라미들의 노랫소리가 울리고 있
었다. 그것이 내가 그리스 땅에서 들었던 마지막 소음이었
다."(p.190)

그가 무엇이라고 말했든("난 아마도 고대의 순례자의 생각과
목적과 감정을 가지고 내 나라에서 빠져나와 성지를 여행했던 마

---

49   아티카의 갑각(岬角)과 도시. 여기에 미네르바 신전이 있었다.

지막 프랑스인이었을 것이다" p.331), 샤토브리앙은 순례를 하지 않았다. 순례의 종착지가 되는 기념비적 장소는 그 정의상 과다한 의미가 실려 있는 곳이다. 사람들이 거기에 찾으러 오는 의미는 순례자 개개인에게 어제 가치 있었던 것처럼 오늘도 가치 있는 것이다. 그곳으로 인도하는 여정은 여러 단계와 강렬한 지점들로 점철되는데, 그 의미와 더불어 '일방향의' 장소, 미셸 드 세르토가 쓰는 의미에서 '공간'을 구성한다. 알퐁스 뒤프롱Alphonse Dupront은 거기서는 바다의 횡단 자체가 입문의 가치를 지닌다고 지적한다. "이렇게 순례의 도정에서는 횡단이 필수적인 순간에 불연속성이 생겨나며 영웅적 성격은 범상해진다. 땅과 바다는 사람들에게 예시하는 능력에서 매우 차이가 나며, 특히 바다에서의 여정은 물의 신비에 의해 단절이 생겨난다. 이 명백한 사실들 이면에 더 깊숙이 하나의 현실이 숨겨져 있었다. 12세기 초 몇몇 교회 사람들이 직관적으로 알아챈 듯한 그 현실은 바다에서의 여정에 의한 통과의례의 수행이다."(p.31)

샤토브리앙의 경우는 완전히 다른 것이었다. 그가 떠난 여행의 최종 목적지는 예루살렘이 아니라 스페인이었으며, 거기서 그는 자신의 정부情婦를 만날 예정이었다(하지만 『여정』은 고백록이 아니다. 샤토브리앙은 침묵하면서 '포즈를 취한다'). 특히나 성지들은 그에게 별다른 영감을 주지 않았다. 그것들에 관해서라면 이미 많은 글이 씌어졌다. "여기서 나는 당혹감을 느낀다. 내가 성지들을 정확히 묘사해야만 할까? 하지만 그렇다면 난 내 이전에 사람들이 말한 것을 되풀이할 수밖에 없을 것이다. 아마 오늘날의 독자들에게는 이것만큼이나 제대로 알려지지 않았으면서도 이것보다 더 완전히 소진된 주제도 없을 것이다. 나는 이 성지들에 대한 묘사를 건너뛰어야 할까? 그렇게 되면 내 여행에 가장 핵심적인 부분이 없어지고 그 목적이자 종착점이 사라져버리지는 않을까?"(p.308) 또 기독교인을 자처했던 그가 아마도 그러한 장소에서 아티카나 스파르타를 앞에 두고 그랬던 것처럼 모든 것의 소멸을 쉽사리 예찬할 수는 없었을 것이다. 그리하여 그는 열성적으로 묘사하고 박학다식을 늘어놓으며 밀턴이나 타소[50] 같은 시인이나 여행가들이 쓴 글을 통째로 인용한다. 그는 [성지들에 대한 묘사를] 교묘히 피해나가는데, 이번에는 다변과 넘쳐나는 자료 때문에 샤토브리앙의 성지들을 우리의 여행안내서와 브로슈어들이 각종 이미지와 관용구로 치장하는 비장소와 아주 가까운 것으로 규정할 수 있게 된다. 상이한 세계들의 의지적인 공존으로서의 근대성에 대한 분석(보들레르적 근대성)으로 잠시 되돌아온다면, 우

---

50 존 밀턴은 17세기 영국의 시인으로 『실락원』, 『복락원』 등을 썼으며, 토르콰토 타소(tasso)는 16세기 이탈리아의 시인으로 『해방된 예루살렘』, 『시학』 등을 썼다.

리는 자신을 자신에게로 되돌려 보내면서 관객과 정경에 동시에 거리를 두는 비장소의 경험이 근대성에 항상 없는 것은 아니라는 점을 확인할 수 있다. 스타로뱅스키는 「파리 풍경」의 첫 번째 시에 대한 논평에서 굴뚝과 종탑들이 뒤섞인 근대 도시를 만드는 두 세계의 공존을 역설한다. 그런데 그는 또 시인의 특수한 위치, 그러니까 사물을 높이서 그리고 멀리서 보길 원하며 종교의 세계에도 노동의 세계에도 속하지 않는 위치를 설정한다. 이러한 위치는 스타로뱅스키가 보기엔 근대성의 이중적 양상에 상응한다. "군중 속에서 주체의 상실, 또는 역으로 개인적 의식이 강력히 요구하는 절대적인 힘."

그런데 우리는 바라보는 시인의 위치 또한 그 자체로 정경이라고 지적할 수 있다. 이 파리 풍경에서 최고의 자리를 차지하는 사람은 보들레르이다. 이 자리에서 그는 도시를 보는데, 또 다른 그 자신이 거리를 두고서 그 자리를 '이차적 조망'의 대상으로 구성한다.

> 내 지붕 밑 다락방 높은 곳에서 두 손을 턱에 괴고서
> 나는 보리라, 노래하고 수다 떠는 작업장을
> 굴뚝들, 종탑들을…

보들레르는 이처럼 고색창연한 종교와 새로운 산업의 필연적 공존, 혹은 개인적 의식의 절대적인 힘만이 아니라, 아주 특별하고도 근대적인 형식의 고독을 장면으로 제시한다. 가장 물리적이며 평범한 의미에서 위치, '자세', 태도를 분명하게 강조하는 것은 경관과 그것을 대상으로 삼는 시선에서 모든 내용과 의미를 비워버리는 움직임의 끝에 이루어진다. 왜냐하면 시선이야말로 풍경 속에서 용해되고 또 시선 자체가 이차적이며 어디에 있는지 확인할 수 없는 시선의 대상이 되기 때문이다. 동일한 시선, 다른 시선.

　　내가 보기엔, 그러한 시선의 자리이동, 그러한 이미지 게임, 그러한 의식의 삭제는 바로 내가 그 이름을 제안했던 '초근대성'의 가장 특징적인 표현들로 인해, 이번에는 체계적이고 일반적이며 범속한 방식으로 야기될 수 있다. 사실상 초근대성은 비장소의 출현과 범람에 직접 관련이 있는 아주 새로운 고독의 경험과 시련을 개인적 의식에 부과한다. 그런데 초근대성의 비장소들이 무엇인지 검토하기에 앞서서 예술적 '근대성'을 대표하는 유명한 인물들이 장소 및 공간 개념과 관련하여 드러낸 태도를 암시적으로나마 언급하는 편이 유용할 것이다. 벤야민이 파리의 '아케이드', 더 일반적으로는 강철과 유리로 된 건축물에 관심을 기울인 이유는 부분적으로 그가 다음 세기의 건축을 예상하려는 의지, 꿈, 예측을 거기서 간파할 수 있었다는 점 때문이라고 알려져 있다. 마찬가지로 우리는 세계의 구체적 공간을 성찰 재료로 삼았던 어제의 근대성의 대표자들이 오늘날의 초근대성의 어떤 양상들에서 미리 영감을 받지는 않았는지 자문할 수 있다. 뭔가 운좋은 직관의 우연에 의해 그렇다는 것이 아니라, 훨씬 범속한 양식 속에서 공통의 운명이 되어 버린 상황들(자세들, 태도들)을 그들이 이미 (예술가이기에) 예외적으로 구현했기 때문에 그렇지 않은가 하고 말이다.

잘 알다시피, '비장소'라는 말은 서로 구분되지만 보완적인 두 가지 실재를 가리킨다. 어떤 목적(교통, 통과, 상거래, 여가)과의 관련 속에서 구성된 공간, 그리고 개인이 이 공간들과 맺는 관계가 바로 그것이다. 이 두 층위의 관계가 어쨌거나 공식적으로는 상당히 겹치지만(개인은 여행하고 구매하고 휴식한다), 그렇게까지 혼동될 정도는 아니다. 비장소들은 자기와 타자에 대한 관계의 총체를 매개하는데, 그 관계는 간접적으로만 그 목적에 매여 있기 때문이다. 인류학적 장소가 유기적인 사회성le social organique을 창조하는 것처럼, 비장소는 고독한 계약성contractualité solitaire을 창조한다. 루아시 공항의 라운지에 대한 뒤르켐적인 분석을 어떻게 상상할 수 있겠는가?

비장소의 공간에서 개인과 그 주변 환경의 연계는 말을, 나아가 텍스트를 매개로 구축된다. 우리는 우선 이미지, 아니 이미지들을 만드는 말들이 있음을 안다. 타히티나 마라

케시[모로코의 도시]에 한 번도 가본 적 없는 사람들은 제각기 이 이름들을 읽거나 들으면서 상상의 나래를 편다. 그리하여 어떤 텔레비전 쇼 프로그램들은 엄청나게 값비싼 여행과 숙박을 부상으로 내걸고 인기를 끈다("모로코의 3성급 호텔에서의 2인용 일주일 숙박권", "세 끼 식사와 숙박을 모두 포함하는 플로리다 이주일 여행권"). 부상을 결코 딴 적이 없고 앞으로 딸 일도 없는 시청자들의 쾌락을 불러일으키는 데는 단지 이름을 언급하는 것만으로도 충분하다. '말의 무게'―이를 '사진의 충격'과 연결짓는 한 프랑스 주간지는 그 무게에 자부심을 갖는다―는 단지 고유명사의 무게인 것만은 아니다. 수많은 보통명사들(숙박, 여행, 바다, 태양, 유람선…)은 어떤 맥락에서 기회가 닿으면 마찬가지의 환기력을 지닌다. 역으로 미국, 유럽, 서양, 소비, 유통처럼 우리에게 덜 이국적이며 심지어 약간의 거리두기 효과도 없는 말들이 다른 곳에서 매력을 행사해왔고 행사할 수 있음을 상상하기 어려운 일은 아니다. 어떤 장소는 그 자체를 환기시키는 말들에 의해서만 존재하는데, 이러한 의미에서 그 장소는 비장소, 혹은 차라리 상상적인 장소, 진부하고 상투적인 유토피아다. 그것은 드 세르토가 이야기하는 비장소의 정반대이자, **특별한 명칭이 있는 장소**(누가 말했는지, 뭐라고 말했는지는 아무도 모른다)의 정반대다. 여기서 말은 일상적인 기능성과 잃어버린 신화 사이의 간극을 만들어내지 않는다. 그것은 이미지를 창조하고 신화를 생산하며 동시에 그것을 작동시킨다(시청자들은 프로그램을 꼬박꼬박 시청한다. 알바니아인들은 미국을 꿈꾸며 이탈리아 난민촌에 산다. 관광산업이 발전한다).

그런데 초근대성의 실제적인 비장소들, 즉 우리가 고속도로를 달리거나 슈퍼마켓에서 장을 보거나 런던 또는 마르세이유행 다음 비행 편을 공항 라운지에서 기다릴 때 머물게 되는 비장소들은 그것들이 우리에게 제시하는 말이나 텍스트에 의해서도 규정된다는 특성을 가진다. 이 말이나 텍스트는 상황에 따라 처방("오른쪽 줄에 서시오"), 금지("금연"), 정보("여기서부터 보졸레입니다")를 제공하는 쓸모를 지니는데, (도로 표지판이나 관광안내서에서처럼) 상당히 명시적이고 약호화된 그림언어나 자연어에 의지한다. 이렇게 해서 공간 내에서 돌아다닐 수 있는 조건들이 자리 잡는다. 거기서 개인은 다른 발화자라고는 '법인'이나 기관(공항, 항공사, 교통부, 상사, 교통경찰, 시청)만이 있는 상태에서 텍스트들하고만 상호작용하는 것으로 여겨진다. 이때 법인이나 기관의 존재는 동시대적 풍경의 일부를 이루는 숱한 '지지체들'(광고판, 스크린, 포스터)이 전달하는 '메시지', 명령, 조언, 설명의 이면에서 흐릿하게 간파되거나 확연하게 드러난다("이 구역의 도로는 도의회에서 재정을 지원받았습니다", "국가는 당신의 생활 환경을 개선하기 위해 노력하고 있습니다").

프랑스의 잘 설계된 고속도로는 종종 항공기에서 내려다

보는 듯싶은 풍경을 보여주는데, 이는 국도나 지방도로를 이용하는 여행자가 바라볼 수 있는 풍경과는 현격히 다르다. 고속도로가 제공하는 풍경과 함께 우리는 내면을 묘사하는 영화로부터 서부영화의 거대한 지평으로 넘어간다. 그런데 풍경을 이야기하고 그 은밀한 아름다움을 명확히 밝히는 것은 바로 도정에 산재하는 텍스트들이다. 사람들은 더 이상 도시를 통과하지 않으며, 실제 설명이 쓰인 표지판들이 주목할 만한 지점들을 알려준다. 어떻게 보면 여행자는 멈춤, 심지어는 시선까지도 면제된다. 그리하여 그는 남쪽 고속도로에서 13세기의 요새화된 마을이라든지 베즐레에 있는 유명한 포도 재배지인 '영원한 언덕', 아발롱의 경치라든지 혹은 세잔 그 자신의 풍경[51](은밀하지만 언제나 이야기되는 자연 속에서 문화의 귀환)에 좀 주의를 기울이도록 요청받는다. 풍경은 그 거리를 유지하며, 자연적 또는 건축적 세부 요소들은 때로는 도해가 곁들여진 텍스트가 등장할 구실이 된다. 지나가는 여행자가 그의 관심에 호소하는 멋진 지점들을 볼 상황에 있지 않고 단지 그가 거기에 가까이 있다는 데서 즐거움을 끌어내야 할 때 말이다.

따라서 고속도로의 도정은 이중적인 의미에서 눈여겨볼

---

[51] 생트빅투아르산을 암시한다. 말년의 세잔은 이 산을 대상으로 수십 점의 풍경화를 그렸다. 생트빅투아르산은 세잔의 고향인 엑상프로방스 근처에 있다.

비장소

만하다. 그것은 기능적 필요성에 따라 그 도정을 통해 우리가 접근하게 되는 모든 중요한 장소들을 피해간다. 하지만이 도정은 그 장소들에 해설을 붙인다. 주유소가 이 정보에 추가되어 거기 정차하는 사람들에게 유용한 지도, 관광안내서, 지역특산물 등을 판매하면서 점점 더 지역 문화센터의 풍모를 띠게 된다. 그런데 지나가는 사람들 대부분은 사실딱히 멈추지 않는다. 그들이 그곳을 매년 여름, 또는 일 년에 몇 번 다시 지나갈 수는 있을 것이다. 이렇게 해서 그들은 [실제 장소를] 보기보다는 [그 장소를 알리는 텍스트를] 읽을기회를 규칙적으로 갖게 되는 어떤 추상적 공간에 마침내기묘하게 익숙해질 수 있다. 더 부유한 다른 이들이 방콕 공항의 난초 판매상들이나 루아시 제1공항의 면세점에 익숙해지듯이 말이다.

삼십 년 전 프랑스에서는 국도, 지방도로, 철도가 사람들의 내밀한 일상생활에 침투했다. 이러한 관점에서 도로와철로는 표면과 이면처럼 서로 대조를 이루었다. 지방도로, TGV를 제외한 철도, 나아가 지역노선—**소구역의** 이해관계가 걸린 교통로, **소구역의** 교통수단이 빠르게 사라지고 있는상황에서 그러한 것이 남아있다면—을 자주 이용하는 사람에게는 그러한 대조가 오늘날까지도 여전히 부분적으로 식별가능하다. 요즘에는 종종 주거 밀집 지역을 우회하도록경로를 조정해야만 하는 지방도로는 예전에는 길 양쪽 주택들이 정면으로 마주보는 도시나 마을의 도로로 정식으로 전환되곤 했다. 아침 8시 전에, 또는 저녁 7시 이후에 운전하는 여행자는 닫힌 정문들의 사막(내려져있는 덧문, 방과 거실이 대개 집 뒤쪽 방향으로 나있기에 블라인드 틈으로 약하게 새어나오는, 혹은 아예 부재하는 불빛)을 가로질러 달렸다. 그는 프랑스인들이 자신에게나 이웃들에게 주고 싶어 하는, 의연하면서도 부자연스러운 이미지의 증인이었다. 지나가는 운전자는 오늘날에는 어떤 여정 위에 올라있는 이름이 되어버린 도시들의 무언가를 관찰했다(라 페르테베르나르La Ferté-Bernard, 노장르로트루Nogent-le-Rotrou). 그가 빨간 신호등 덕분에, 혹은 속도를 늦춰야 하는 바람에 해독하게 된 텍스트들(도시의 상업광고판, 시의 공고문)은 원래 그와 같은 사람들을 우선적으로 염두에 두고 씌어진 것이 아니었다. 다른 한편 기차는 훨씬 더 조심성이 없었고 아직도 그렇다. 인구 밀집 지역을 이루는 주택들 뒤편으로 뻗어있기 일쑤인 철로는 지방주민들의 내밀한 일상생활을 침범했는데, 그것은 더 이상 정문 쪽이 아니라 정원, 주방, 혹은 방 쪽이었고, 저녁에는 밝은 쪽이었다. 반면 공공 조명이 없었다면 거리는 어둠과 밤의 영역이었을 것이다. 과거에 열차는 너무 빠르지 않아서, 호기심 많은 여행자라면 지나치는 역 이름을 읽어내는 데 별다른 어려움을 겪지 않았다. 이는 엄청나게 빠른 지금의 TGV 열차로는 불가능하다. 마치 어떤 텍스트들이 오늘날의 승객에게는 너무 구식이 되어버린 것처럼 말이다. 그에게는 다른 것이 제시된다. TGV와 같은 '비행기—열차' 안에서 승객은 항공사가 자기 고객들을 위해 비치하는 것과 유사한 잡지를 읽을 수 있다. 그는 잡지에 나오는 르포와 사진과 광고를 통해 오늘날에는 국제적인 층위(혹은 이미지)에서 살아야 할 필요성을 깨닫는다.

　텍스트가 공간에 침입하는 또 다른 예가 있다. 대형마트가 그것이다. 거기서 고객은 조용히 돌아다니며 가격표를 들여다보고, 무게에 따라 가격을 표시해주는 기계 위에 야채나 과일을 올려놓는다. 그러고나서 그는 역시 말이 없거나 별로 수다스럽지 않은 젊은 여성에게 신용카드를 건넨다. 이 여성은 각각의 물건을 바코드 인식기로 찍고 신용카드의 이상없는 결제를 확인한다. 훨씬 직접적이지만 한층 더 조용한 대화는 신용카드의 소지자와 현금인출기 사이에서 이루어진다. 카드 소지자가 인출기에 카드를 넣으면 화면에는 통상 고무적인 어조의 지시사항들이, 때로는 단호한 명령 투로 나타난다("카드를 잘못 넣으셨습니다", "카드를 빼주십시오", "공지사항을 주의 깊게 읽어주십시오"). 거리에서, 쇼핑센터에서 혹은 길모퉁이의 선진적 은행 시스템에서 나오는 온갖 종류의 호명은 우리들 가운데 아무나, 또 우리들 각각("방문해주셔서 감사합니다", "즐거운 여행 되십시오", "신뢰해주셔서 감사드립니다")을 동시에 무차별적으로 겨냥한다. 그러한 호명은 도로, 상업, 또는 은행의 시스템 이용자로 정의되는 '평균적 인간'을 제조한다. 호명은 그를 만들어내고, 경우에 따라서는 개인화한다. 어떤 도로나 고속도로에서는 점멸등 표지판의 갑작스러운 경고(110! 110!)가 너무 급히 달리는 운전자에게 주의를 준다. 파리 시내의 어떤 교차로에서는 정지신호 위반이 자동적으로 녹화되고 용의자 차량은 사진으로 식별된다. 모든 신용카드는 신원 확인 코드를 담고 있으며, 이 때문에 현금인출기가 카드 소지자에게 정보 제공과 동시에 게임의 규칙을 환기시킬 수 있다. "당신은 600프랑을 인출할 수 있습니다." 언어상의 은밀한 합의, 준거가 되는 경관, 삶의 기술에 대한 정식화되지 않은 규칙을 통해 '인류학적 장소'를 만드는 것이 바로 어떤 사람들과 그 타자들의 정체성이었던 반면, 승객, 고객, 혹은 일요일의 운전자들 사이에 공동의 정체성을 창조하는 것은 바로 비장소다. 아마도 이와 같은 일시적 정체성과 결부된 상대적 익명성은 잠시 동안 줄을 서고, 자기가 있어야 할 자리에 있고, 자기 외모를 점검하기만 하면 되는 사람들에게는 일종의 해방으로까지 느껴질 수도 있다. **의무에서 자유로운 구역**Duty-free. 자신의 신원[혹은 정체성](여권 혹은 신분증에 나와 있는)을 확인받자마자 다음 비행편을 기다리는 승객은 '면세' 공간으로 달려간다. 자기 가방의 무게와 일상성의 부담으로부터 벗어난 그는 아마도 더 나은 가격으로 쇼핑을 하기 위해서라기

비장소

보다는 이 순간의 여유라는 현실, 막 출발을 앞둔 승객으로서의 부정할 수 없는 지위를 경험하기 위해 그렇게 한다.

혼자이지만 타자들과 비슷한 존재로서 비장소의 이용자는 비장소(또는 그것을 지배하는 힘들)와 계약 관계 속에 있다. 그는 기회가 닿을 때마다 이 계약의 존재를 새삼 깨닫는다. 그 요인들 가운데 하나는 비공간의 사용법이다. 그가 샀던 표, 그가 톨게이트에서 제시해야 하는 카드, 심지어 그가 슈퍼마켓의 진열대들 사이로 미는 쇼핑카트는 [계약 관계를 알려주는] 상당히 강력한 지표다. 계약은 언제나 거기 동의한 사람의 개인적 신원과 관계를 갖는다. 공항의 탑승구역에 접근하려는 이는 우선 티켓(승객 이름이 거기 씌어있다)을 체크인카운터에 제출해야 한다. 계약은 보안경찰에게 탑승권과 신분증을 동시에 제시함으로써 준수된다. 상이한 국가들의 요구사항은 이 점에서 다양하며(신분증, 여권, 여권과 비자), 출발에서부터 그것이 제대로 충족되었는지 확인이 이루어진다. 따라서 승객은 말하자면 계약에 연서된 자기 신원의 증거를 제공한 이후에야 익명성을 획득한다. 슈퍼마켓의 고객은 수표나 신용카드로 물건 값을 지불하면서 [통행료를 내는] 고속도로의 이용자와 마찬가지로 자신의 신원을 밝힌다. 어떤 면에서 비장소의 이용자는 언제나 자신의 결백_{innocence}을 증명하기를 요구받는다. 신원과 계약의 **사전** 혹은 **사후** 확인은 동시대의 소비 공간을 비장소의 기호 아래 자리 매김한다.[52] 우리는 결백한 채로만 거기 접근한다. 여기서는 말이 별로 중요하지 않다. 신원 확인 없이는 개인화(그리고 익명성의 권리)도 없다.

물론 결백의 기준들은 개인적 정체성의 공식적이고 상투적인 기준들(각종 카드에 적혀 있으며 은밀한 서류들이 기재하는 기준들)이다. 하지만 결백은 또 다른 것이기도 하다. 비장소의 공간은 그곳에 들어서는 이들이 평상시에 결정해야 하는 일들에서 벗어나게 해준다. 그는 단지 승객, 고객, 운전자로서 그가 행하는 것, 경험하는 것에 지나지 않는다. 아마 그는 전날의 걱정거리로 아직까지 머릿속이 복잡할 수도 있고, 내일의 문제에 벌써부터 마음을 쏟고 있을지도 모른다. 하지만 당장 그를 둘러싼 환경은 잠정적으로나마 그러한 문제들에서 그를 멀리 떼어놓는다. 부드러운 홀림의 대상으로서 그는 홀린 자들이 다 그렇듯이, 다소간의 재능이나 열의를 가지고 거기에 스스로를 내맡기고는 잠시 동안 정체성 탈피désidentification라는 수동적인 기쁨과 [승객, 고객, 운전자 같은] 역할 수행의 더욱 능동적인 즐거움을 음미한다.

마침내 그가 직면하게 되는 것은 그 자신의 이미지인데,

52 [영역본주] 이 책에서 주로 '비장소'를 뜻하는 표현인 'non-lieu'는 프랑스에서는 '면소(免訴)'나 '공소기각', 즉 피고의 무혐의에 대한 인정이라는 법적인 의미를 갖는 기술적 용어로 더 널리 쓰인다.

실상 그것은 아주 기이한 이미지다. 그가 다른 사람들에게나 자기 자신에게 말을 거는 텍스트—경관과 더불어 계속 이어가는 고요한 대화 속에서 모습을 드러내는 유일한 얼굴, 구체성을 갖는 유일한 목소리는 바로 그의 것이다. 수많은 다른 이들의 고독을 떠올리게 한다는 점에서 한층 더 당황스러운 어떤 고독의 얼굴과 목소리는 바로 그의 것이다. 비장소의 통행자는 세관이나 톨게이트 혹은 현금인출기의 통제 앞에서만 자신의 정체성을 재발견한다. 기다리면서 그는 타자들과 동일한 코드에 따르고 똑같은 메시지를 기록하고 동일한 요청에 응답한다. 비장소의 공간은 독자적 정체성도 관계도 아닌, 고독과 유사성을 창조한다.

비장소의 공간은 역사에도 자리를 내주지 않는다. 역사는 경우에 따라서 스펙터클의 한 요소로, 즉 대개는 암시적인 텍스트들로 변화해버린다. 지금 이 순간의 현재성과 긴급성이 비장소의 공간을 지배한다. 그것은 사람들이 지나가는 곳이기에 시간의 단위들로 측정 가능하다. 여정 안내서는 출발과 도착 시간표 없이는 작동하지 않으며, 그 한구석엔 언제나 연착될 수 있다는 언급이 달린다. 그것은 현재를 살아간다. 여정의 현재, 그것은 오늘날 장거리 비행 편에서 매순간 항공기 진로를 알려주는 스크린에 구체화된다. 때때로 기장은 그것을 약간은 중언부언하는 식으로 명확히 밝혀준다. "비행기 오른편에서 여러분은 리스본을 보실 수 있습니다." 사실 사람들은 아무것도 볼 수 없다. 다시 한 번 스펙터클은 하나의 관념, 하나의 말에 불과하다. "A 3번 고속도로에서 2킬로미터의 교통정체 구간 발생"이라는 안내 메시지처럼, 고속도로 위 전광판들은 그 순간의 기온을 표시하고 공간의 실천에 유용한 정보를 제공한다. 넓은 의미에서 시사성의 현재형은 다음과 같다. 비행기에서 사람들은 신문을 읽고 또 읽는다. 많은 항공사들은 심지어 텔레비전 뉴스를 재방송해준다. 대부분의 자동차에는 라디오가 장착되어 있다. 라디오는 주유소나 슈퍼마켓에서도 끊임없이 작동한다. 그날의 상투적 언사, 광고, 이런저런 뉴스들이 지나가는 고객들에게 제시되고 부과된다. 요컨대, 마치 공간이 시간에 따라잡힌 것처럼, 그날 또는 전날의 뉴스들 말고 다른 역사는 없기라도 한 것처럼, 각각의 개인사가 마치 그 모티브와 단어와 이미지를 현재의 무한정한 역사의 마르지 않는 저장고에서 길어 올리는 것처럼 모든 일이 진행된다.

상거래, 교통 혹은 판매기구들이 넘쳐나게 전파하는 이미지들에 포위된 채 비장소의 통행자는 영원한 현재, 그리고 자기와의 만남을 동시에 경험한다. 만남, 동일시, 이미지. 금발의 스튜어디스가 보내주는 주의 깊은 시선 아래서 말할 수 없는 행복감을 느끼는 듯 보이는 이 점잖은 40대가 바로 그다, 어딘지 모를 아프리카의 비포장도로 위에서 터보디젤 엔진에 시동을 거는 단호한 눈빛의 자동차경주대회 운전자가 바로 그다. 야생적인 내음의 향수를 사용하기에 그 수컷다운 얼굴을 어떤 여성이 사랑스럽게 바라보게 되는 남성이 바로 그다. 만일 동일시로의 이러한 초대들이 특히 남성적인 성격을 띤다면, 그것들이 퍼뜨리는 자아의 이상이 사실 남성적이기 때문이며, 당장에는 신뢰할 만한 여성 사업가나 여성 운전자가 '남성적인' 특질들을 소유하는 것으로 표상되기 때문이다. 여성이 주고객층을 이루는 슈퍼마켓처럼 덜 고급스러운 비장소에서는 당연히 어조가 바뀌고 이미지 또한 바뀐다. 성평등(나아가 종국에는 성 구분의 소멸)이라는 주제는 거기서 대칭적이면서도 전도된 방식으로 다루어진다. 우리는 자주 '여성' 잡지들에서 이런 기사를 읽는다. 새로운 아버지들은 가사 관리와 육아에 관심을 기울인다. 우리는 또 슈퍼마켓에서 동시대의 유명인에 대한 소문을 듣는다. 미디어, 연예인, 뉴스. 결국에는 광고 기구들의 이른바 '교차 참여participations croisées'가 가장 주목할 만한 것으로 남는다.

　민영 라디오들은 대형매장의 광고를 하며, 대형매장은 민영 라디오의 광고를 한다. 휴가지 주유소들이 미국 여행을 경품으로 내걸면, 라디오는 우리에게 그것을 알려준다. 항공사에서 발간하는 잡지들이 호텔 광고를 싣고, 그 호텔들은 항공사 광고를 한다. 흥미로운 것은 이렇게 모든 공간 소비자들이 일종의 우주론에서 나오는 반향과 이미지 속에 갇

힌 자신을 발견한다는 점이다. 이 우주론은 전통적으로 민족학자들이 연구했던 우주론과는 달리 객관적으로 보편성을 띠며 친숙한 동시에 매력적인 것이다. 그로부터 적어도 두 가지 결과가 나타난다. 한편으로 이 이미지들은 체계를 이루는 경향이 있다. 그것들은 모든 개인이 끊임없이 호명당하기 때문에 자기만의 것으로 만들 수 있는 소비 세계를 그린다. 나르시시즘의 유혹은 여기에서 공통의 법칙—자기 자신이 되기 위해 타자들처럼 행동하기—을 표현하는 것처럼 보이기 때문에 더더욱 매력적이다. 다른 한편, 모든 우주론이 그렇듯이, 새로운 우주론은 알아보기 효과_{effets de reconnaissance}를 생산한다. 비장소의 역설은 다음과 같다. 자기가 모르는 나라에서 헤매는 이방인('지나가는' 이방인)은 고속도로, 주유소, 대형매장, 혹은 호텔 체인의 익명성 속에서만 편안한 기분을 느낄 수 있다. 그에게는 특정한 정유회사의 상표가 그려진 표지판이 마음을 놓이게 하는 준거점이 된다. 그는 다국적기업의 브랜드명이 찍힌 식품이나 가정용품, 위생용품을 슈퍼마켓 진열대에서 발견하고는 안도한다. 역으로 동유럽 국가들은 전 지구적인 소비공간에 합류하는 데 필요한 모든 수단들을 아직껏 가지고 있지 못하기 때문에 약간 이국적인 풍모를 지닌다.

*

    오늘날 세계의 구체적인 현실 속에서 장소와 공간, 장소와 비장소는 서로 얽혀있으며 서로에게 침투한다. 비장소의 가능성이 전혀 없는 장소는 그 어디에도 없다. 비장소들을 빈번하게 방문하는 사람은 장소로의 귀환을 마음의 안식처로 삼는다(그는 예컨대 지방 깊숙한 곳에 자리 잡은 별장을 꿈꾼다). 장소와 비장소는 그것들을 기술할 수 있게 해주는 말과 용어들처럼 서로 대립한다(또는 서로를 요청한다). 하지만 삼십 년 전에는 존재하지 않았던 유행어들은 비장소와 관련된 것이다. 그리하여 우리는 **통과**의 현실(수송 캠프나 환승 승객)을 정주나 거주의 현실에, (사람들이 마주치지 않는) **인터체인지**를 (사람들이 만나는) **사거리**에, (자신의 **목적지**가 명확한) **승객**을 (**여정** 내에서 어슬렁거리는) **여행자**에—의미심장하게도 프랑스 철도_{SNCF}의 여행자들은 TGV를 탈 때 승객이 된다—, **주택단지**(라루스 사전에 따르면, '새로운 주택들의 집합지')—그곳은 [아이러니하게도] 사람들이 함께 어울려 살지 않으며 결코 어떤 것의 중심에도 위치하지 않는다(대규모 주택단지는 이른바 외곽 구역의 상징이다)—를 우리가 공유하고 기리는 **역사적 건축물**에, 그리고 **커뮤니케이션**(그것의 코드, 이미지, 전략)을 (말해지는) **언어**에 대립시킬 수 있다.

    여기서 말의 쓰임이는 핵심적인데, 그것이 습관들의 씨

실을 짜고 시선을 가르치며 경관에 관한 정보를 주기에 그렇다. 잠시 뱅상 데콩브가 콩브레의 '철학', 혹은 차라리 '우주론'에 대한 분석으로부터 뽑아낸 '수사적 고향$_{pays\ rhétorique}$' 이라는 용어의 정의로 되돌아가 보자. "[프루스트 소설 속의] 인물은 어디서 편안함을 느끼는가? 이 질문은 지리적 영토보다 수사적 영토를 대상으로 한다(여기서 **수사적**이라는 단어는 변호, 고발, 찬사, 비난, 추천, 경고 등 **수사적 행위들**에 의해 정의되는 고전적 의미로 쓰인다). 인물은 그가 삶을 함께하는 사람들과의 수사 안에서 거리낌 없을 때 편안함을 느낀다. 사람이 편안하다는 것은 너무 많은 문제없이 자신을 이해시킬 수 있다는 것이며, 동시에 긴 설명이 필요 없이 대화 상대자들의 추론 속에 성공적으로 들어갈 수 있다는 것이다. 어떤 인물의 수사적 고향은 그가 자기 활동과 행적에 부여하는 이유라든지 그가 표명하는 불만, 혹은 그가 표현하는 찬사를 대화 상대자들이 더 이상 이해하지 못하는 곳에서 멈춘다. 수사적 커뮤니케이션의 혼란은 어떤 경계를 넘어섰다는 것을 표시하는데, 그 경계는 물론 명확히 그어진 선이라기보다는 일종의 경계구역, 변방으로 여겨져야 한다."(p.179)

데콩브가 맞다면, 이로부터 우리는 초근대성의 세계에서 언제나 '편안하며'[53] 이와 동시에 결코 '편안하지 않다'고 결

---

53   여기서 '편안하다'로 옮긴 프랑스어 관용구 'chez soi'는 문자 그대로라면 '자

론지어야 한다. 그가 언급하는 경계구역, 혹은 '변방'은 더이상 완전히 낯선 세계들에 포함되지 않는다. 초근대성(이는 사건적 과잉, 공간적 과잉, 그리고 준거들의 개인화라는 과도함의 세 양상에서 동시에 비롯된다)은 그것의 완벽한 표현을 자연스럽게 비장소 안에서 발견한다. 반면 비장소를 경유하는 말과 이미지들은 사람들이 열심히 일상생활의 일부를 구축해가는, 아직까지도 다양한 장소들에 다시 뿌리 내린다. 역으로 비장소가 그 말들을 향토에서 빌려오는 경우도 있다. 예를 들면, 우리가 고속도로에서 만나는 '휴게소aires de repos'—여기서 [프랑스어로 영역, 표면을 뜻하는] '소aire'라는 용어는 장소, 그리고 특별한 명칭이 있는 장소lieu-dit로부터 정말로 가장 멀리, 최대한 중립적으로 쓰인다—는 종종 근방의 향토에 있는 무언가 신비롭고 특별한 속성을 준거로 삼는 이름을 가진다. 이부 휴게소, 지트오루 휴게소, 콩브투르망트 휴게소, 크로케트 휴게소… 그러므로 우리는 민족학자들이 전통적으로 '문화접촉'이라고 불렀던 현상이 일반화된 세상에 살고 있다. '이곳'의 민족학이 겪는 첫 번째 어려움은 그것이 언제나 '다른 곳'과 관련을 가지는데, 이 '다른 곳'의 위상이 독자적이고 차별적인 (이국적) 대상으로 구축될 수 없는 채로 그렇다는 것이다. 언어는 이러한 다층적인 침투

기 집에 있다'라는 뜻이다.

를 증언한다. 커뮤니케이션 기술이나 마케팅 기술에서 '**기초 영어**'를 자주 쓴다는 사실은 이 점에서 시사적이다. 그것은 다른 언어들에 대한 영어의 승리를 나타내기보다는, 보편적인 수용자의 어휘가 모든 언어 속으로 침투한 현상을 드러낸다. 의미심장한 것은 이 일반화된 어휘가 영어라는 점이기보다는 그러한 어휘가 필요하다는 점이다. 언어적인 쇠약(만일 우리가 평균적인 구어 사용에서 벌어지고 있는 의미론적, 구문론적 능력의 저하를 그렇게 이름 짓는다면)은 한 언어에 의한 다른 언어의 오염과 파괴 탓이라기보다는 이와 같은 일반화 탓일 것이다.

그렇다면 스타로뱅스키가 보들레르를 통해 정의했던 근대성으로부터 초근대성을 구분 짓는 것이 무엇인지 명확해진다. 초근대성은 동시대성contemporanéité의 전체가 아니다. 반대로 보들레르적 경관의 근대성에서 모든 것은 뒤섞이며 서로 함께 서 있다. 굴뚝과 종탑들은 '도시의 지배자'다. 근대성의 관객이 관조하는 것은 옛것과 새것의 얽힘이다. 초근대성은 옛것(역사)을 특수한 스펙터클로 만든다. 그것이 온갖 이국성과 지역적 특수성을 그렇게 하듯이 말이다. 역사와 이국성은 거기서 문자 텍스트에서의 '인용'과 같은 역할을 수행한다. 그 위상은 여행사가 편집한 카탈로그에서 아주 잘 드러난다. 초근대성의 비장소들에는 언제나 명소 그 자체―코트디부아르의 파인애플, 총독들의 도시 베네치

아, 탕헤르 마을, 알레지아 유적―를 위한 특수한 자리(유리
문 안쪽, 광고판 위, 비행기 오른편, 고속도로 왼편)가 있다. 하
지만 그것들은 어떠한 종합도 이루지 않고 아무것도 통합하
지 않으며, 단지 여정의 시간을 허가하면서 서로 간에 구분
되고 대등하면서도 별 상관은 없는 개별성들의 공존을 허용
할 뿐이다. 만일 비장소들이 초근대성의 공간이라면, 초근
대성은 근대성과 같은 야심을 발휘할 수 없다. 개인들은 서
로 [물리적으로] 가까워지면서 사회적인 것을 생성시키고 장
소들을 조직한다. 그런데 초근대성의 공간에는 다음과 같은
모순이 작용한다. 그것은 개인들(고객, 승객, 사용자, 청중)하
고만 관계를 맺는데, 그들은 입장할 때나 퇴장할 때에만 정
체성이 확인되고(이름, 직업, 출생지, 주소) 사회화되며 위치
가 정해진다. 만일 비장소가 초근대성의 공간이라면 다음의
역설을 설명해야만 한다. 즉 사회적 게임은 동시대성의 최
전선에서가 아닌, 다른 곳에서 수행되고 있는 것처럼 보인
다는 점이다. 비장소들은 입장과 퇴장 사이에 거대한 괄호
를 치는 방식으로 매일매일 더 많은 사람을 맞아들인다. 결
과적으로 비장소들은 특히 영토를 보존하거나 점령하려는
열정을 테러리즘으로까지 밀어붙인 이들이 겨냥하는 과녁
이 된다. (폭탄이 설치된 자동차는 말할 필요도 없이) 공항과 비
행기, 대형매장과 역이 언제나 테러의 주요 표적이었던 이
유는, 이런 표현을 써도 괜찮다면, 틀림없이 효율성 때문일

터이다. 하지만 아마도 또 다른 이유는 새로운 사회화와 새로운 지역화를 주장하는 이들이 거기에서 다소간 혼란스럽게 그들이 품은 이상의 부정否定만을 볼 수 있었기 때문일 것이다. 비장소는 유토피아의 정반대다. 그것은 [유토피아와 달리 실제로] 존재하고, 어떠한 유기적 사회도 포함하지 않는다.

이 지점에서 우리는 앞에서 슬쩍 다루고 넘어간 한 가지 문제와 다시 마주치게 된다. 정치의 문제가 바로 그것이다. 도시에 관한 한 논문에서[54] 실비안 아가생스키Sylviane Agacinski는 [대혁명 후 프랑스의] 국민의회 의원이었던 아나샤르시스 클루츠Anarcharsis Cloots[55]의 이상이자 요구였던 것을 일깨운다. 모든 종류의 '체현된' 권력에 적대적이었던 그는 왕의 죽음을 부르짖었다. 권력의 모든 국지화, 모든 독자적 주권, 심지어 인민들peuples로의 인류의 분리도 그에게는 인간 종의 분할 불가능한 주권과 양립할 수 없는 것으로 보였다. 이러한 관점에서 수도 파리는 사람들이 '뿌리 뽑힌, 탈영토화된 사유'를 중시하는 한에서만 특권적인 장소다. 아가생스키는 다음과 같이 쓴다. "이 추상적이며 보편적인—그리고 아

---

54 [원주] "La ville inquiète", *Le Temps de la réflexion*, 1987.
55 슬누스 넴식흐뜨로 일러져 있는 장 바티스트 뒤 박드그라스(Jean-Baptiste du Val-de-Grace, 1755 - 1794)는 프러시아 출신의 혁명가다.

마도 단순히 **부르주아적**이지만은 않은—인류의 중심지[파리]가 지닌 역설은 그것이 또한 하나의 비장소, 어디도 아닌 곳, 미셸 푸코가 도시를 포함시키지 않은 채 '헤테로토피아'라고 불렀던 것과 약간은 비슷하다는 점이다."(pp.204-205) 확실한 것은 오늘날에는 보편적인 것l'universel의 사유와 영토성territorialité의 사유 사이의 긴장이 세계 전체의 수준에서 드러난다는 사실이다. 여기에서 우리는 그 양상들 가운데 한 가지만을 탐구했을 따름이다. 점점 더 많은 인류가 최소한 잠시 동안이나마 영토 바깥에서 살게 되었다는 것, 그리고 그 결과, 경험적인 것과 추상적인 것을 규정하는 조건들 자체가 초근대성을 특징짓는 삼중적인 가속화의 효과 아래 동요하고 있다는 관찰로부터 출발해서 말이다.

초근대성의 개인이 자주 드나드는 '바깥장소hors-lieu' 혹은 '비장소'는 보편적인 것을 사유하고 위치 짓는, 국지적인 것을 소거하고 정초하는, 기원을 긍정하고 거부하는 식의 이중적이며 모순적인 필요성이 이어지는 권력의 '비장소'가 아니다. 필요하다면 마치 자연의 변덕에 의해서인 양 사유의 용어들을 전도시킴으로써 언제나 사회질서를 정립했던 권력의 이 사유 불가능한 측면은 틀림없이 보편적인 것과 권위를 동시에 사유하고 전제정치와 무정부주의를 동시에 거부하고자 했던 혁명적 의지 속에서 그 특수한 표현을 발견한다. 하지만 그것은 본래 권위의 공간화된 표현을 생산하

지 않을 수 없는 모든 국지화된 질서의 한층 일반적인 구성
요소다. 아나샤르시스 클루츠의 사유를 짓누른 제약(이는 때
로 그가 얼마나 '순진한지' 강조하게끔 해준다)은 그가 세계를 하
나의 장소로, 즉 분명히 인류의 장소지만 공간의 조직과 중
심의 확인을 거쳐야 하는 장소로 보았다는 것이다. 더구나
오늘날 사람들이 '유럽 12개국'이라든지 '새로운 세계질서'
를 말할 때, 즉각 제기되는 질문이 아직도 전자나 후자의 진
정한 중심을 위치화하는 문제라는 점은 상당히 의미심장하
다.[56] 브뤼셀(스트라스부르는 말할 것도 없이)인가 본인가(아
직 베를린까지는 말하지 않더라도)? 뉴욕과 유엔 본부인가, 아
니면 워싱턴과 미 국방성인가? 장소의 사유는 늘 우리를 사
로잡고 있다. 그리고 그것에 새로운 현재성을 부여하는 각
종 민족주의의 '부활'은 지역화localisation로의 '회귀'로 보일 수
있을 것이다. 장차 도래할 인류의 전조로서 자처하는 제국
은 그러한 지역화로부터 멀리 있는 것처럼 비칠 수 있다. 하
지만 사실 제국의 언어는 그것을 거부했던 국가들의 언어

---

56 이 책이 씌어진 1990년대 초반은 독일 통일과 동유럽 사회주의 제국의 붕
    괴로 인해 전후의 오랜 냉전시대가 종말을 고하고 이른바 '새로운 세계질서
    (New World Order)'가 정치담론의 핵심 의제로 부상했던 시기다. 그 질서가
    유일 강대국 미국을 중심으로 한 일극 체제가 될지, 유럽, 아시아 등 여러 지
    역의 국제기구들을 중심으로 한 다극체제가 될지를 두고 활발한 논쟁과 전망
    이 이루어졌다. 유럽연합(EU)은 1995년 마스트리히트 조약이 발효되면서 정
    식으로 출범했으며, 창립 당시 회원국은 서유럽 12개국이었다.

와 동일했는데, 이는 아마도 과거 제국과 새로운 국가들이 모두 초근대성으로 이행하기 전에 근대성을 쟁취해야만 했기 때문일 것이다. '전체주의적' 우주로 인식된 제국은 결코 비장소가 아니다. 그것과 연계된 이미지는 [이와 반대로] 누구도 결코 혼자이지 않은 세계, 모든 사람이 즉각적인 통제 아래 있는 세계, 있는 그대로의 과거가 내팽개쳐지는(그것은 하얗게 지워진다) 세계의 이미지다. 제국은 오웰이나 카프카의 세계가 그렇듯이, 전근대적이지 않고 의사근대적$_{para-moderne}$이다. 불발된 근대성으로서 제국은 결코 근대성의 미래가 아니며, 우리가 규명하려고 한 초근대성의 세 형상 가운데 그 어떤 것에도 해당하지 않는다. 아주 엄밀히 말하자면, 그것은 심지어 초근대성의 부정형이다. 역사의 가속화에 무감각한 채로 제국은 역사를 다시 쓴다. 정보와 교통의 자유를 제한함으로써 그것은 소속민들에게 공간이 축소되었다는 감정을 느끼지 못하도록 방어한다. 그에 따라, (그리고 인권을 옹호하는 자주적 행동들에 대한 제국의 경직된 반응에서 나타나는 것처럼) 제국은 자체 이데올로기로부터 개인적인 준거를 제거하고, 그것을 제국의 경계 바깥으로 투사하는 위험을 감수한다. 절대적인 악, 또는 최상의 유혹의 영롱한 형상으로서 말이다. 물론 우리는 우선 과거의 소비에트 연방을 떠올리지만, 그 밖에도 크고 작은 제국들이 있다. 우리 정치인들 가운데 일부는 최고 행정위원회와 일당 체제를 아프리카와 아시아에서의 민주주의에 필수적인 전제조건으로 간주한다. 그런데 이러한 경향은 그들이 동유럽 문제를 다룰 때는 그 같은 사고방식을 고루하며 본질적으로 사악하다고 비난한다는 점에서 이상해 보인다. 장소와 비장소의 공존에서 방해물은 언제나 정치적일 터이다. 아마도 동구권을 비롯한 여타 국가들은 교통과 소비의 전 지구적 네트워크 안에서 그들의 자리를 발견하게 될 것이다. 하지만 그 네트워크에 상응하는 비장소들의 확장─경험적으로 측정과 분석이 가능한 이 비장소들은 무엇보다도 경제적인 속성을 지닌다─은 이미 정치인들의 성찰을 훨씬 빠르게 앞서 나가고 있다. 정치인들은 그들이 어디에 있는지 점점 더 알 수 없기 때문에 그들이 어디로 가는지에 대해서만 점점 더 궁금해할 따름이다.

비장소

에필로그

국제항공이 사우디아라비아 상공을 날아갈 때, 스튜어디스는 이 상공을 통과하는 동안 비행기에서 술을 마실 수 없다고 공지한다. 이 말은 영토 침입이 하늘로도 확장된다는 뜻이다. 땅=사회=국가=문화=종교. 인류학적 장소의 등식은 순식간에 하늘에도 기입된다. [사우디아라비아 상공을 지나] 하늘의 비장소로 되돌아간다는 것,[57] 시간이 좀 지난 후 장소의 전체주의적 구속에서 벗어난다는 것은 자유와 비슷한 어떤 것을 되찾는 일이 될 것이다.

재능 많은 영국 작가 데이비드 로지가 최근에 출간한 책[58]은 현대판 성배 찾기를 다룬다. 이 소설은 유머를 효율적으로 사용해서, 성배 찾기를 대학에서 이루어지는 기호학적, 언어학적 연구의 세계에, 세계적이고 국제적이지만 비좁은 세계에 설정한다. 이 경우 유머는 사회학적 가치를 획득한다. 즉『교수들』에 묘사된 대학 세계는, 오늘날 지구 전체에서 벌어지고 있는 사회적 '네트워크들' 중 하나에 지나지 않지만, 이 네트워크는 다양한 개인들에게 **독특하면서도 기이**

---

57 사우디아라비아 상공은 이 나라의 "전체주의적인 구속"이 적용되는 '장소'지만, 그 이외의 다른 하늘은 '비장소'라는 함의가 이 문장에 깔려 있다.

58 [원주] David Lodge, *Small World*, Penguin Books, 1985. [따라서 원제는 『작은 세계』다. 이 책의 한국어판 서지는 다음과 같다. 데이비드 로지, 『교수들』, 공진호 역, 마음산책, 2009. 본문에 나오는 이 책의 제목은 한국어판 제목으로 바꾸었다.]

하게 유사한 여정의 기회를 제공한다. 어쨌거나 기사도적 모험은 다르지 않고, 개별적 방랑은 어제의 신화에서도 그랬던 것처럼 오늘의 현실에서 기대, 아니면 희망을 품고 있다.

*

민족학은 항상 최소한 두 개의 공간을 다루어야 한다. 민족학이 연구하는 장소의 공간(마을, 기업)과 이보다 광범위한 공간이 그것이다. 후자의 광범위한 공간에는 앞의 장소가 포함되며, 또한 이 공간에서부터 지역적 관계(민족, 왕국, 국가)의 내적 작용에 효력을 발휘하는 영향과 구속이 실행된다. 민족학자는 이렇게 방법론적 사시斜視의 처지에 놓이게 된다. 즉 자신이 관찰하는 직접적 장소를 시야에서 놓쳐서도 안 되고, 외적 변방의 적절한 경계 또한 놓쳐서는 안 되기 때문이다.

초근대성의 상황에서 이 외부의 일부는 비장소로 만들어진 것이고, 이 비장소의 일부는 이미지로 만들어진 것이다. 오늘날 비장소의 빈번한 방문은, 고독한 개인성을 (진정한 역사적 전례가 없이) 경험하는 기회이자, 개인과 공적 권력 사이의 비인간적 중계—벽보 한 장, 스크린 하나면 충분하다—를 경험하는 기회다.

따라서 동시대 사회들을 연구하는 민족학자는 주변 세계에서 개별 존재를 식별해내지만, 전통적으로 그는, 이 주변 세계에서 독특한 형세나 특이한 사건들에 의미를 부여한 일반적 결정요인들을 파악하는 데 익숙했다.

＊

이 이미지들의 작용을 단지 환영(소외의 탈근대적 형태)으로만 보는 것은 오류가 될 것이다. 이 결정요인들을 분석하는 것만으로는 결코 어떤 현상의 실상을 남김없이 파악할 수 없다. 비장소의 경험에서 의미심장한 것은, 장소와 전통이라는 장애요소나 지역적 매력과 반비례하는, 비장소의 강력한 흡인력이다. 주말이나 바캉스에 자동차운전자들이 고속도로로 몰려드는 현상, 항공로의 체증을 통제하는 항공관제사들의 어려움, [대형마트 등] 새로운 유통 형태들의 성공은 이를 명백하게 증언한다. 또한 표면적으로는 지역적 가치를 수호하거나 세습된 정체성을 회복하려는 소망으로 돌릴 수도 있는 또 다른 현상들도 이를 증언한다. 이주민들이 강력하게 (종종 너무도 추상적으로) 정착민들을 불안하게 한다면, 아마 이주민들이 정착민들에게 무엇보다 땅에 새겨진 확실성이 얼마나 상대적인지 보여주기 때문이다. 즉 이

주해온 사람$_{imigré}$이란 캐릭터에 대해 정착민들을 불안하게 하면서도 동시에 매혹시키는 것은, 이주해간 사람$_{émigré}$이다. 우리가 동시대 유럽의 광경에서 민족주의의 '귀환'을 거론하지 않을 수 없다면, 아마 우리는 이 '귀환'에서 우선 집단적 질서를 거부하는 모든 것에 관심을 더 기울여야 할 것이다. 물론 민족적 정체성이란 모델이 이 거부에 형태를 부여할 수도 있지만, 오늘날 이 모델에 의미를 부여하고 활기를 불어넣는 것은 개별이미지(자유로운 개별 행로의 이미지)이며, 내일에는 반대로 이것이 이 모델을 약화시킬 수도 있다.

*

역사의 가속화 및 지구의 축소에 대한 어느 정도 분명한 지각과 떼어놓을 수 없는 비장소의 경험은, 보잘것없는 양태로 나타나든 호화롭게 표현되든, 오늘날 모든 사회적 존재의 본질적 구성요인이다. 서구에서 때로 자기만의 세계로의 침잠$_{repli sur soi}$이나 '집에 틀어박히는 생활양식$_{cocooning}$'의 양태로 간주되는 것의 아주 특별한, 요컨대 역설적 특성이 바로 여기서 나온다. 역사 전체를 통틀어 (공간, 이미지, 소비와 불가피하게 관계를 맺고 있다는 이유 때문에) 개인사$_{個人史}$가 일반사와 이처럼 뒤얽힌 적이 없었기 때문이다. 이런 상황에서 온갖 개별적 태도를 상상할 수 있다. (자기 집이나 다른 곳으로의) 도피, (자신이나 다른 사람들에 대한) 공포뿐 아니라, 또한 강렬한 경험(탁월한 성취)이나 (기존의 가치에 맞선) 반란 등이 그것이다. 개인들을 다루지 않고 이루어지는 사회적 분석은 더 이상 있을 수 없고, 개인들이 경유하는 공간들을 무시하고 이루어지는 개인들의 분석도 있을 수 없다.

*

아마도 어느 날, 다른 행성에서 신호가 올 것이다. 이때는 연대의 효과―민족학자는 그 메커니즘들을 작은 단위로만 연구했다―로 인해, 지구 공간 전체가 하나의 장소가 될 것이다. 지구인이라는 말이 어떤 의미를 갖게 될 것이다. 그 전까지 환경에 대한 위협이 이와 같은 효과를 발휘할지는 불분명하다. 인간의 운명 공동체는 바로 비장소의 익명성 속에서 고독하게 경험된다.

*

['고독'과 '민족학' 사이에] 용어상의 모순이 있지만, 고독의

민족학은 내일에도 필요할 것이고, 아마 오늘에도 이미 필요할 것이다.

주요 참고문헌

Certeau, Michel de, *L'Invention du quotidien 1. Arts de faire* (édition de 1990), Gallimard, 'Folio-Essais'.

Chateaubriand, *Itinéraire de Paris à Jérusalem* (édition de 1964), Julliard.

Descombes, Vincent, *Proust, philosophie du roman*, Editions de Minuit, 1987.

Dumont, Louis, *La Tarasque*, Gallimard, 1987.

Dupront, Alphonse, *Du sacré*, Gallimard, 1987.

Furet, François, *Penser la Révolution*, Gallimard, 1978.

Hazard, Paul, *La Crise de la conscience européenne 1680-1715*, Arthème Fayard, 1961.

Mauss, Marcel, *Sociologie et anthropologie*, PUF, 1966.

Starobinski, Jean, "Les cheminées et les clochers", *Magazine littéraire* n° 280, Septembre 1990.

L'Autre et le semblable. Regards sur l'ethnologie des sociétés contemporaines, textes rassemblés et introduits par Martine Ségalen, Presses du CNRS, 1989.

영역본 제2판 서문[59]

1992년 『비장소』의 초판이 나온 이래, 도시화는 선진국과 저개발국가뿐만 아니라, 지금 '신흥국'이라고 불리는 나라들에서도 지속적으로 확산되었다. 거대한 메갈로폴리탄 클러스터들이 팽창하고 있으며, 인구학자 에르베 르 브라_{Hervé Le Bras}의 표현을 빌리자면, '도시 필라멘트들_{urban filaments}'—이는 공간이 제한된 유럽에서 대규모 주거지들을 서로 연결하고 많은 인구와 산업적, 상업적 조직을 수용하는 지역들을 기술하는 용어다—이 해안과 강변, 주요 도로들을 따라 번성하고 있다.

우리는 여기서 삼중의 '탈중심화'를 본다.

대도시는 우선 사람, 상품, 이미지, 메시지를 들여오고 내보내는 능력으로 규정된다. 공간적으로 크기는 공항과 연결된 고속도로와 철도망의 질과 규모에 의해 측정 가능하다. 이른바 '역사성을 띠는' 도심 구역이 세계 도처에서 온

---

59 이 글은 2008년에 나온 『비장소』 영역본 2판에 서문으로 실린 텍스트를 옮긴 것이다. 그런데 오제는 2010년에 이 서문과 거의 동일한 내용의 논문을 프랑스어로 발표한 바 있다. 「'비장소'에 관해 다시 생각하다-도시 경관의 변화」라는 제목의 이 글은 영역본 2판 서문을 일부 수정하고 편집한 것으로 보인다. 우리는 영역본 서문을 여기 번역해 실으면서 오제의 이 논문 역시 참고하였다. 나아가 영문 텍스트의 의미가 불분명하거나 프랑스어 논문과 다른 경우, 프랑스어 논문을 원본으로 간주하고 그에 따라 번역하였음을 밝혀둔다. cf. Marc Augé, "Retour sur les 'non-lieux'—Les transformations du paysage urbain", *Communications*, N. 87, 2010, pp.171-178.

관광객들에게 점점 더 매력을 끌고 있는 이 시기에 대도시가 외부와 맺는 관계는 경관 속에 새겨진다.

다음으로 집이나 아파트 같은 주거지에서 텔레비전과 컴퓨터는 이제 고대의 화로를 대신한다. 헬레니즘 연구자들은 고대 그리스에서 두 신이 가정생활을 보살폈다는 사실을 우리에게 가르쳐주었다. 화로의 여신인 헤스티아는 가정의 그늘진 여성적 중심이었고, 외부로 향해있는 문턱의 신인 헤르메스는 거래, 그리고 그것을 독점했던 남성들의 수호자였다.[60] 오늘날에는 텔레비전과 컴퓨터가 화로를 대체했다. 헤르메스가 헤스티아의 자리를 차지했다.

마지막으로 개인은 어떤 의미에서는 자신으로부터 탈중심화된다. 그는 자신을 외부세계의 머나먼 곳들과 끊임없이 접촉할 수 있게 해주는 수단을 가지고 있다. 휴대전화는 사진이나 동영상을 찍을 수 있는 카메라이며 또한 텔레비전이자 컴퓨터이기도 하다. 그리하여 개인은 다소 특이하게도, 자신을 물리적으로 둘러싸고 있는 즉각적인 주변으로부터 온전히 독립된 지적, 음악적, 시각적 환경 속에서 살 수 있다.

이러한 삼중의 탈중심화는 내가 '경험적인 비장소'─이

---

60 제우스의 누이인 헤스티아는 불과 화로의 여신이며, 영원한 순결의 상징이다. 천상과 시정, 지하의 세계를 자유롭게 넘나드는 헤르메스는 전령의 신이자 여행과 상업의 신이기도 하다. 이 둘은 모두 올림포스 12신에 속한다.

는 교통, 소비, 커뮤니케이션의 공간을 뜻한다―라고 명명하고자 하는 것의 유례 없는 확장에 상응한다. 그런데 이 지점에서 우리는 절대적인 의미에서의 '비장소'는 없다는 것을 상기해야 한다. 나는 '인류학적 장소'를 우리가 사회적 유대(예컨대, 모든 이에게 엄격한 거주 규칙이 부과되는 장소)라든지 집합적 역사(예를 들면, 예배를 드리는 장소)의 흔적을 읽을 수 있는 공간으로 정의했다. 그러한 흔적은 일시적인 것과 지나가는 것의 인장이 찍힌 공간들에서는 분명 훨씬 적게 나타난다. 그렇다고 해서 이 말이 장소나 비장소가 그 용어의 절대적인 의미에서 실제로 존재한다는 뜻은 아니다. 장소/비장소의 짝패는 주어진 공간의 사회성sociality과 상징화의 정도를 측정하기 위한 수단이다.

확실히 어떤 장소(만남과 교류의 장소)는 외부자들에게는 비장소가 될 수 있다. 그러한 관찰은, 오늘날 우리가 '전 지구화globalization'로 규정하는 현상에 조응하는 교통, 소비, 커뮤니케이션 공간들의 전례 없는 확장과 조금도 모순되지 않는다. 개인적·집단적 정체성은 늘 타자와의 관계 속에서, 타자와 협상하며 구축되기 때문에 그러한 확장은 중대한 인류학적 결과들을 가져온다. 따라서 이후로는 지구적인 차원의 현장 전체가 동시대 세계를 연구하는 인류학자의 탐구 영역으로 활짝 열리기에 이른다.

이로 인해 많은 주제와 현상이 새롭게 논의될 수 있다.

전 지구화

경계 없는 세계는 아주 진지한 인본주의자에게는 온갖 유형의 배제가 철폐된 세계로서 늘 나타났던 이상이다. 그리고 동시대의 세계는 우리에게 종종 낡은 경계들이 제거된 장소로서 제시된다. 이것이 정말로 우리가 보편주의의 인본주의적 이상에 더 가깝게 나아가고 있다는 의미일까? 틀림없이 사태는 그렇게 단순하지 않으며, 거기 약간의 빛을 비추기 위해서는 다음의 세 가지 문제에 대한 성찰이 중요한 것처럼 보인다.

  − 사실 현재로서는 경계 없는 전 지구성globality의 이데올로기가 분명히 존재하며, 이는 세계 전역의 아주 광범위한 인간 활동에서 드러난다.
  − 현재의 전 지구성은 동질화와 배제를 모두 생산하는 네트워크들로 이루어진다.
  − '경계'라는 관념은 여전히 풍부하고 복잡한 것으로 남아 있다. 그것이 반드시 구획화와 분리를 의미하지 않는다. 이상적이고 평등주의적인 세계는 아마도 경계들의 철폐를 통해서가 아니라, 그것들에 대한 인정을 통해서 올 수 있을 것이다.

비장소

[영어 'globalization'의 번역어인] 프랑스어 *mondialisation*은 두 층위의 실재를 가리킨다. 한편으로는 우리가 전 지구화_{globalization}라고 부르는 것으로, 이는 이른바 자유시장, 그리고 정보 및 커뮤니케이션의 기술적 네트워크가 지구 전역으로 확장된 현상에 해당한다. 다른 한편으로는 지구적 인식 또는 지구적 의식이라고 불릴 만한 것으로, 이는 두 가지 측면을 가진다. 우리는 매일매일 우리가 하나뿐인 행성에, 취약하고 위협받는 지구에, 무한히 넓은 우주에서 극도로 작은 곳에 살고 있다는 사실을 훨씬 더 많이 의식한다. 이 지구적인 인식은 우리가 제한된 공간을 나누어 쓰면서 이를 잘못 다루고 있다는, 생태학적 인식이자 불안해하는 인식이다. 동시에 우리는 또한 최상위 부유층과 최하위 빈곤층 사이에서 날이 갈수록 벌어지는 격차를 의식한다. 이러한 지구적인 인식은 사회적인 인식이며 불행해하는 인식이기도 하다. 마지막으로 한 쪽 극단에는 문자해독능력조차 갖출 수 없는 사람들이 있고, 다른 쪽 극단에는 우주의 형성과 생명의 기원에 관한 최신의 거창한 가설들에 접근할 수 있는 사람들이 있는 상황에서 이들 간의 격차가 세계적인 수준에서, 절대적인 동시에 상대적인 측면에서 계속 심해지고 있다. 전 지구적인 차원에서 말하자면, 우리가 인류의 철학적 유산을 탕진한 것처럼 보인다고, 게다가 상당수의 인류가 사유하는 대신, 폭력과 부정의와 불평등에 의해 명맥을 잇

는 퇴행적이고 무자비한 종교 형태들 속으로 종종 뒤틀리게 빠져들고 있다고 덧붙일 필요가 있는 것일까?

이러한 추세를 어떻게 뒤집을 수 있을까? 확실히 무슨 마술 지팡이나 경건한 감정에 의해서는 아닐 터이다. 만일 우리가 지식과 과학이 권력 및 부와 동일한 축에, 또 전 지구적 시스템의 상이한 네트워크가 교차하는 지점들에 배타적으로 집중되는 것을 막고자 한다면, 오늘날 교육은 궁극의 유토피아다.

*

'전 지구화'라는 용어는 자유로운, 혹은 자유롭다고 주장되는 시장의 존재, 그리고 지구 전체를 뒤덮고 있지만 아직 수많은 개인이 접근하지 못하는 기술적 네트워크의 존재를 나타낸다. 그러므로 전 지구적 세계는 네트워크들로 구성되며, 공간적일 뿐만 아니라 경제적, 기술적, 과학적, 정치적 매개변수에 의해 정의되는 시스템[61]을 이룬다.

---

61 오제는 시스템을 "구조화된 경제적·기술적 총체"라고 정의하면서, 그것이 현재성, 자명성, 전 지구성, (체제에 위협적이지 않는 한도 내에서의) 차이에 대한 손상 등을 고유한 이데올로기로 갖는다고 지적한다. Marc Augé, "An itinerary", *Ethnos*, Vol. 69, N. 4, P. 550.

비장소

이와 같은 [전 지구화] 현상의 정치적인 차원은 폴 비릴리오가 펴낸 다수의 책에 언급되어 있는데, 특히 『정보폭탄』(1998)에 가장 잘 드러나 있다.[62] 거기서 그는 특히 전 지구적인 것과 지역적인 것을 대립시키는 미국방성의 전략과 구상을 분석한다. 전 지구적인 것은 시스템의 관점으로부터, 즉 내부로부터 고찰된 시스템이다. 동일한 관점에서 지역적인 것은 물론 외부다. 그러므로 전 지구적인 세계에서 전 지구적인 것과 지역적인 것은 내부−외부와 같은 관계에 놓인다. 이는 지역적인 것이 본래 불안정함을 의미한다. 이는 둘 중 하나일 것이다. 지역적인 것이 전 지구적인 것의 단순한 반복(심지어 '글로컬_{glocal}'이라는 단어까지 사용된다)이며 경계의 관념이 사실상 사라지고 있거나, 아니면 지역적인 것이 시스템을 교란하고 정치적인 용어로 개입권_{right to interfere} 행사의 대상이 될 수 있거나. 프랜시스 후쿠야마는 자유주의 경제와 대의 민주주의의 연합을 지적으로 넘어설 수 없다는 인식을 강조하기 위해 '역사의 종언'을 언급하면서 시스템과 역사의 대립을 끌어들이는데, 이는 전 지구적인 것과 지역적인 것의 대립을 재생산한다.[63] 전 지구적 세계에서 역

---

62 Paul Virilio, *La bombe atomique*, Paris, Galilée, 1998.

63 Francis Fukuyama, *The End of History and the Last Man*, London, Penguin Books, 1992.

사—시스템에 대한 이의제기라는 뜻에서—는 외부로부터만 [즉 지역적인 것으로부터만] 올 수 있을 따름이다. 전 지구적 세계의 이데올로기는 경계와 이의제기의 말소를 전제한다.

이러한 경계의 말소는 영상테크놀로지와 공간 관리에 의해 중심 무대로 끌려나온다. 교통, 소비, 커뮤니케이션의 공간은 지구 전체를 가로질러 번창하면서 그것이 의존하는 네트워크들의 현존성을 고도로 가시화한다. 역사(시간에서의 원격성)는 다양한 형식의 표상 속에 응고되면서, 세계를 돌아다니는 관광객에게 각별한 중요성을 갖는 일종의 오락이 되고 있다. 문화적이고 지리적인 거리(공간에서의 원격성)도 마찬가지 운명을 겪고 있다. 언제나 환상이었던 이국성은 무대에 오르는 순간 두 배로 헛것이 된다. 지구를 둘러싸고 똑같은 호텔 체인, 똑같은 텔레비전 네트워크가 촘촘히 엮여있으며, 그 결과 우리는 획일성에 의해, 보편적 동일성에 의해 구속받는다고 느낀다. 다른 나라의 국경을 넘나드는 일은 더 이상 브로드웨이의 극장들이라든지 디즈니랜드의 놀이기구들 사이를 걸으며 우리가 발견하는 것보다 더 심오한 다양성의 경험을 선사하지 않는다.

도시화

세계의 도시화는 거대한 메트로폴리스 중심들의 확장, 그리고 해안과 도로변을 따라 이루어지는, 르 브라식 도시 필라멘트들의 확산에 대응한다. 이 그림을 완성하는 것은 다음과 같은 사실이다. 즉 [우리 행성의 정치적, 경제적 삶은] 모두가 서로 연결되어 있으면서 함께 일종의 (폴 비릴리오의 신조어를 쓰자면) '가상적 메타도시virtual metacity'를 구성하는 세계 메트로폴리스들 안에 위치한 의사결정의 중심부에 달려 있다는 것이다. 세계는 마치 하나의 거대한 광역 도시권과도 같다.

하지만 모든 거대 도시가 하나의 세계라는 것 또한 진실이다. 비록 그것이 인종적, 문화적, 종교적, 사회적, 경제적 다양성 면에서 세계의 요약판이라 할지라도 말이다. 우리는 전 지구화의 매혹적인 스펙터클에 정신이 팔린 나머지 이러한 경계 또는 칸막이들의 존재를 자주 잊어버린다. 하지만 우리는 기이하게 찢기고 얼룩덜룩한 도시의 짜임 속에서 이 칸막이들이 얼마나 자명하고도 가차 없이 차별적인 형식으로 존재하는지 다시 발견하게 된다. 문제 지역, 게토, 빈곤과 저발전에 대해 말할 때 사람들은 도시를 참조한다. 오늘날 거대한 메트로폴리스는 세계의 온갖 다양성과 불평등을 흡수하며 분할한다. 저발전의 흔적들은 뉴욕과 같은 장소들에서도 찾을 수 있으며, 세계 네트워크는 부유한 비즈니스 구역들을 제3세계의 빈곤화된 도시들과 엮어놓는다. '도시-세계'는 바로 그것의 존재 자체로 '세계-도시'의 환상을 상대화하거나 또는 무의미한 것으로 돌려놓는다.

벽, 칸막이, 장애물들이 지역적 수준에서, 그리고 가장 일상적인 공간 관리 속에서 출현하고 있다. 미국에는 이미 프라이빗 타운들이 있다. 남미, 카이로, 세계 곳곳에서는 사적인 구역들, 또 정당한 신원과 교통수단이 있어야만 들어갈 수 있는 도시 지구들이 모습을 드러내고 있다. 소비는 코드(신용카드, 휴대전화, 슈퍼마켓이나 항공사 등이 발행한 특별카드)의 도움을 통해서만 가능하다. 개인적인 수준에서 경험하는, 도심지역으로부터 보이는 전 지구적 세계는 불연속성과 금지의 세계사다.

이와 반대로 지배적인 미학은 영화적인 롱 쇼트의 미학이며, 이 때문에 우리는 단절의 효과를 잊는 경향이 있다. 관찰 위성으로부터 찍힌 사진과 항공쇼트 등은 우리에게 사물에 대한 전 지구적 관점에 익숙해지도록 만든다. 고층사무실 구역과 주상복합빌딩은 영화들이 그러듯이, 그리고 더 중요하게는 텔레비전까지 그러듯이 시선을 교육시킨다. 고속도로를 달리는 자동차들의 매끄러운 흐름, 공항 활주로에서 이륙하는 비행기, 텔레비전 시청자들만이 목격할 수 있는, 작은 보트를 타고 지구를 일주하는 외로운 항해자들은 우리가 희망하는 대로의 세계 이미지를 창조한다. 하지만 만약 우리가 그것을 아주 가까이에서 바라본다면, 그 같은 신기루는 흩어져버린다.

경계

게다가 우리가 장벽과 배제 없는 세계의 이상을 소환할 때, 경계가 진정 이슈가 되는 것인지는 확실하지 않다. 인간 이주의 역사는 이른바 '자연적 경계'(강, 대양, 산맥)에 의해 형성된다. 이 경계들은 인류가 여러 대륙을 식민화하면서 상상력을 사로잡았다. 최초의 경계는 지평선이었다. 발견의 여정으로부터 유래한, 신비로운 동양, 한없는 바다 저편, 혹은 머나먼 서부 등 서구의 상상을 장악했던 경계가 언제나 존재했다. 디노 부자티Dino Buzzati, 쥘리앵 그라크Julien Gracq의 소설에서 경계는 교란하고 매혹하는 위협이다.[64] 물론 잔혹한 정복자들은 종종 다른 인간을 공격하고 지배하기 위해 경계를 가로질렀지만, 권력은 사람 사이의 모든 접촉

---

64 디노 부자티(1906-1972)는 이탈리아의 작가이자 언론인이다. 작품집으로 『오랜 숲의 비밀』, 『타타르인의 시작』 등이 있다. 쥘리앵 그라크(1910-2007)는 프랑스의 작가로 『시르트의 바닷가』, 『숲 속의 발코니』 등의 소설과 자서전 『도시의 형태』가 유명하다.

을 변질시킬 수 있다. 경계를 준수하는 것은 평화를 서약하는 것이다.

경계라는 관념 그 자체는 개인들이 자기 의도대로 서로 자유롭게 소통하기 위해 그들 사이에 있어야 하는 최소한의 필요 거리를 표시한다. 언어는 극복할 수 없는 장벽이 아니다. 그것은 경계다. 타자의 언어, 혹은 타자의 방언을 배운다는 것은 타자와 함께 기초가 되는 상징적 관계를 구축한다는 것이고 그를 존중한다는 것이며 그와 연결된다는 것이다. 달리 말하면 경계를 횡단한다는 것이다.

경계는 벽이 아니라 문턱이다. 세계의 모든 문화권에서 교차로와 분계선이 열성적인 의례 행위의 초점이 되어왔다는 것은 나름대로 충분한 이유가 있다. 도처에서 사람들이 죽음은 경계—즉 한 쪽에서 다른 쪽으로 소통의 약속을 유지하면서 어느 방향으로든 넘을 수 있는 경계—라는 생각에 복잡한 상징적 표현을 부여해왔다는 것은 그럴 만한 이유가 있는 것이다.

그러므로 우리의 이상은 경계 없는 세계여서는 안 되며, 모든 경계가 인정되고 존중되며 침투 가능한 세계여야 한다. 실제로 모든 개인의 각종 차이에 대한 존중이 그들 출신이나 젠더와 무관하게 평등과 더불어 출발하는 세계 말이다.

비장소

건축

'세계-도시'와 '도시-세계'에 점차 익숙해지면서, 우리는 폴 비릴리오가 1980년대 초에 『위태로운 공간』에서 표명한 바 있는, 도시 그 자체는 사라지고 있다는 감정을 갖게 된다.[65] 물론 모든 방면에서 도시화는 계속 진행 중이다. 하지만 노동의 조직화에 생겨난 여러 변화, 불안정성―이동성의 어둡고 부정적인 면―, 텔레비전과 인터넷을 통해 각 개인에게 부과되는 각종 테크놀로지는 중심이 축소되고 편재한다는 감각을 창출하면서 시내와 변두리, 혹은 도시와 비도시 사이의 대립을 점점 더 의미 없게 만든다.

'세계-도시'와 '도시-세계'의 대립은 시스템과 역사의 대립과 나란히 놓인다. 이를테면, 전자는 구체적으로 나타나는 후자의 공간적 표현이다. 역사에 대한 시스템의 우위, 지역적인 것에 대한 전 지구적인 것의 우위는 미학, 예술, 건축의 영역에서 모종의 결과를 낳았다. 가장 중요한 건축가들은 국제적인 스타가 되었다. 세계 네트워크 안에서 특색을 갖고자 열망하는 도시는 그러한 건축가들 가운데 한 명에게 기념비가 될 만한 건축물, 시스템에 연결되어 있다는 뜻에서 세계 속의 자기 존재를 입증할 증거로서의 건축물을

---

65 Paul Virilio, *L'espace critique*, Paris, Bourgois, 1982.

생산해달라고 의뢰한다. 이 건축 프로젝트들은 원칙상 역사적이거나 지리적인 맥락을 참조할지라도, 빠르게 전 세계적인 소비에 포획당한다. 그것들의 성공을 인증하기 위해 세계 각지로부터 몰려드는 관광객들의 유입. 알록달록한 전 지구적 영향력이 지역적인 색깔을 집어삼킨다. 건축 작품은 지역적 특수주의로부터 해방되어 개인 작가의 비전을 표현하는 독자적 실체다. 그것은 규모$_{scale}$의 변화를 증언한다. 라 빌레트의 추미, 보부르나 누메아의 렌조 피아노, 빌바오의 게리, 루브르의 페이, 파리 혹은 뉴욕의 누벨 등이 지은 건축작품들은 전 지구적 성격의 지역적인 것the global local, 전 지구적 색채를 띠는 지역적인 것이며, 시스템의 표현이자 그 부$_{富}$와 호화로운 자기주장이다.[66] 이 모든 프로젝트들은 고유한 지역적, 역사적 정당성을 가지지만, 결국 그것들의 권위는 전 세계적인 인정으로부터 나온다. 렘 쿨하스 Rem Koolhaas는 이러한 현상을 전폭적으로 지지하는 간결하면서도 함축적인 슬로건을 내세웠다. "맥락 따위는 개나 주라

---

66   베르나르 추미(Tschumi)는 파리 북동부에 빌레트(La Villette) 공원을, 렌조 피아노(Renzo Piano)는 파리 보부르(Beaubourg)에 퐁피두센터를, 뉴칼레도니아의 수도 누메아(Nouméa)에 치바우 문화센터를 건축했다. 프랭크 게리(Gehry)는 스페인 빌바오에 구겐하임 미술관을, 이오 밍 페이(Pei)는 루브르 미술관에 유니 피라미드를, 생 누벨(Nouvel)은 시드니에 이립문화원과 뉴욕 맨해튼에 11번가 100번지의 펜트하우스 건물을 각각 건축했다.

지!_Fuck the context!_" 반면 어떤 건축가들(예컨대, 누벨)은 각 프로젝트가 특정한 위치와 조화를 이루어야 할 필요성을 강조했다. 그러나 이러한 [지역적 성격에 대한] 특별한 요청과 [전지구적 성격의] 거부가 있다고 하더라도, 실제로 거대한 규모의 세계 건축은 여전히 현재의 지배적인 미학에 따라 세워지고 있다. 그것은 우리로 하여금 온갖 단절 효과를 간과하게끔 만드는 경향이 있는 거리두기의 미학_aesthetic of distance_이다.

바로 이 지점에서 역설이 풀린다. 어떤 의미에서 건축은 시스템의 표현이다. 타임스 스퀘어에서 그랬듯이, 그것이 이미지와 판타지가 압도적으로 지배하는 디즈니랜드 같은 놀이공원의 미학을 일반화할 때라든지, 여러 도시가 세계에서 가장 높은 빌딩을 세우려고 경쟁할 때, 건축은 종종 [시스템에 대한] 일종의 캐리커처다. 하지만 일부 건축적 성취의 스펙터클한 장관 또한 부인할 수 없다. 어떤 의미로 건축은 현재의 지배적인 이데올로기의 환상을 전달하며 투명성과 반사, 높이와 조화의 미학, 거리두기의 미학에서 일정 부분을 담당한다. 거리두기의 미학은 의도적이든 아니든 그러한 환상을 지지하며 지구를 뒤덮고 있는 네트워크의 주요 근거지들에서 시스템의 승리를 표현한다. 그런데 바로 그러한 과정에서 그것은 유토피아적인 차원을 획득한다.

가장 의미심장한 건축 작품들은 아직까지도 실현되어야 할 과제로 남아 있는 지구적 사회를 암시하는 듯 보인다. 그것은 아직 어디에도 존재하지 않는 투명사회_{society of} transparence라는, 우리가 믿고 싶어 하지만 깨어진 유토피아의 빛나는 조각들을 제시한다. 그것은 유토피아의 층위에 속하는 동시에, 아직 도래하지 않았으며 아마도 결코 오지 않겠지만 가능태의 영역 안에 남아있는 시간을 방대한 위업 속에서 끌어옴으로써 암시의 층위에 속하는 무언가를 스케치한다. 이러한 의미에서 거대한 규모의 동시대 도시 건축은 유적의 스펙터클이 표현하는 시간에 대한 관계를 전도시켜 재생산한다. 우리가 유적에서 감지하는 것은 그것을 무너져버리기 전에 보았던 이들에게 그것이 무엇을 표상했을지 완벽하게 상상할 수 없다는 것이다. 유적은 역사에 관해 이야기하는 것이 아니라 시간, 순수한 시간에 관해 이야기한다.

과거에 대해 진실인 것은 아마도 미래에 대해서도 진실일 것이다. 순수한 시간을 지각한다는 것은 현재의 순간을 과거 혹은 미래로 정향시킴으로써 [현재의 순간을] 구조화하는 [어떤] 결여를 현재 속에서 포착하는 일이다. 그것은 아크로폴리스의 스펙터클뿐만 아니라 빌바오의 구겐하임 미술관을 볼 때도 솟아난다. 두 구조 모두 암시적인 존재를 지닌다. 그리하여 건축 또한 그 일부인 현재의 지배적 이데올로기의 결을 거슬러서, 우리에게 시간의 의미를 되살려주고 미래에 관해 이야기하는 것처럼 보이는 일이 일어날 수도

비장소

있다.

　연속성과 불연속성, 지역적인 것과 전 지구적인 것, 장소와 비장소를 동시적으로 사유하는 데서 우리가 겪는 지적 어려움의 또 다른 사례는 예술과 예술적 창조 일반에서 나타난다. 만일 예술적 창조와 우리 역사 사이의 관계를 오늘날 정확히 포착하기 어렵다면, 이는 바로 시간이 가속화되면서, 이를테면 우리를 빠져나가고 있기 때문이며, 공간적 언어에 의한 시간적 언어의 압도, (관계를 구축하는) 상징적인 것the symbolic에 대한 (행동을 규정하는) 코드의 우위가 예술적 창조의 조건을 형성하기 때문이다. 예술가를 둘러싼 세계와 그가 살아가는 시대는 매개된 형식들로서만 그에게 도달하는데, 이 형식들은 그 자체로 전 지구적 시스템의 효과이자 양상이며 추동력이다. 시스템은 그 고유한 이데올로기로서의 역할을 수행한다. 그것은 일종의 사용설명서처럼 기능한다. 그것은 실재를 대체함으로써, 아니 차라리 실재의 자리를 차지함으로써 실재를 문자 그대로 **은닉한다**. 이러한 상황에 직면한 예술가들의 불안과 혼란은 우리의 것이기도 하다. 그들은 이 문제들을 악화시키는 경향이 있는데, 우리는 그들로부터 무엇을 배워야만 하는지 고민해볼 수 있을 것이다.

이곳과 다른 곳

골치를 썩이는 동시에 해방적인 또 다른 요소는 지금 이곳과 다른 곳 사이의 경계를 횡단할 때 수반되는 어려움과 명확히 관련이 있다.

문화인류학은 그 초창기에 '문화적 특성cultural trait'이라는 개념을 이용했다. 문화적 특성은 물질적인 창안(요리법, 고기잡이 기술이나 놀이 기술, 신체 장식)일수도, 비물질적인 창안(의례, 신성神聖, 제도)일 수도 있다. 이러한 특성들은 유통되고 전파되어 세계 여러 사회에서 변화의 동력 가운데 하나로 간주되었다. 목표는 언제나 '전파'의 상대적 중요성과 이 전파 과정에서의 진화를 발견하는 데 있었다.

동시대의 세계에서 목표는 근본적으로 변화했다. 탈식민시대post-colonial era에는 어떤 인간 집단에서도 자율적인 진화를 관찰할 수 있는 기회가 더 이상 존재하지 않는다. 의도에 따른 것이든 필요에 의한 것이든, 인간 종은 객관적으로 상호의존성을 띠게 되었다. 시장의 존재는 온갖 종류의 재화의 유통과 교환을 가속화한다. 지구적 네트워크에의 통합은 경제적 번영과 정치적 가치에 필수적인 사전조건이다. 이러한 관점에서 모든 대륙의 다양한 도시에서 세계 수준의 건축가들(미국인, 이탈리아인, 프랑스인, 네덜란드인, 기타 등등)에 대해 요구하는 수요는 핵기술을 보유하려는 신흥 국가들의 열망과 동일한 논리로부터 솟아난다.

　마찬가지로 외부적인 것과 내부적인 것, 다른 곳과 이곳을 구분하기가 훨씬 더 어려워지고 있다. 이는 폴 비릴리오가 '전 지구적인 것/내부적인 것'과 '지역적인 것/외부적인 것'의 짝패를 서로 대립시키려 한 펜타곤의 시도에 관해 언급할 때 가설로 제기했던 것이다. 만일 실제 일이 그런 식이라면, 창작의 다양한 영역에서의 차용, 영향, 교환의 문제는 보기보다 훨씬 복잡한 것으로 밝혀질 수 있다. 그것은 오늘날 타자와 세계의 다양성에 대한 새로운 관계를 정립하는가, 아니면 새로운 유형의 획일화나 지배를 정립하는가? 이질문에 답하고자 한다면, 확실히 이곳과 다른 곳이라는 질문을 바꾸어 표현할 필요가 있다. 현재 세계에서 가장 거대한 분할 가운데 하나는 부와 빈곤 사이의 분할이다. 이는 선진 세계와 저발전 세계의 대조로 환원될 수 없는데, 부유한 국가에서도 저개발 구역이 있고 몇몇 빈곤국에도 발전된 지역이 있기 때문이다. 그렇다고 해서 남반구 출신의 많은 사람들이 북반구의 약속의 땅에 진입하기 위해 기울이는 엄청난 노력으로 우리 시대를 특징지을 수 없다는 뜻은 아니다. 이와 같은 조건들 아래서 건축, 디자인, 패션, 요리 등의 영역에서 일하는 이들이 선택한 다양한 차용이나 영향의 문제는 주로 세계의 좀 더 풍요로운 지역에 존재하는 확실히 '사치스러운' 이슈다.

언제나 그런 식이었다. 16세기에 원래 이탈리아에서 시작해 프랑스에서 만개한 르네상스는 고전적인 그리스·로마 문명으로 되돌아가는 시기를 거쳤다. 이는 기독교 전통에 새로운 생명을 불어넣었고 세계의 먼 지역들(아메리카, 아프리카, 중국)로부터 영향을 받았는데 레비스트로스는 그것이 당시 유럽의 활력과 역동성에 원천을 제공했다고 밝힌 바 있다. 그러한 맥락에서 '이곳'은 분명히 유럽이며, '다른 곳'은 세계의 여타 지역이다. 상황은 정말로 변화했을까? 그렇다. 비록 아직도 세계의 중심은 존재하지만, 그것은 축소되었고 어느 정도 탈영토화되었다는 의미에서 말이다. 가상적 메타도시는 세계의 거대한 메트로폴리스들(그중에서 가장 영향력 있는 것들은, 반드시라고는 할 수 없지만 주로 미국, 일본, 유럽에 위치해 있다), 그리고 그것들을 연결하는 교환, 커뮤니케이션, 정보의 네트워크라는 두 축으로 이루어진다. 오늘날 다양한 맥락에서 사람들은 자신들이 위치하고 있는 국가보다는 도시의 이름을 언급하는 경향이 있다.

따라서 중요한 것은 상이한 상황들을 구분하는 일이다. 어떤 의미로는 모든 것이 유통되며 어디에서든 발견 가능하다. 브라질에서는 예컨대, 사라졌다고 여겨졌던 종족 집단들이 다시 나타났는데, 이는 브라질 정부가 사회적으로 구성된 종족 집단들에게 토지를 부여하는 정책을 실시했기 때문이었다. 이곳저곳에 흩어진 채 고립되어 있던 혼혈인들이 함께 되돌아와서는 기억과 임기응변에 기초해 공통의 규칙과 의례 들을 재발명했다. 이러한 제식들을 위해 그들은 시장에서 유통되는, 대개 아시아산인 물건들에 빈번히 의존했다. 이는 문화적인 재발명에 봉사하기 위한 물질적 '특성들'의 전파를 보여주는 명확한 사례다. 이는 원천으로의 회귀인데, 이때의 원천은 외적이며 빌려온 것이다. 어쨌거나 그것에 관해 선례 없는 무언가가 있다는 것은 상당히 있음직한 일이 아니며, 집단과 종교가 언제나 이런 식으로 꿰어 맞추어져 왔음을 상상하기란 쉬운 일이다. 새로운 것은 그토록 멀리 있는 원천에 접근하는 현상이다. 그것은 지구의 새로운 조직화를 증명한다.

건축, 미술, 디자인 부문―서로 교차하며 부분적으로 복제하는 영역들―에서 먼곳에서 온 대상이나 형식이 개입하는 것은 이와 똑같은 제약에서 비롯한 것이 아니다. 그것은 숙고된 선택으로부터 나오며, 지구 전체를 모든 [사람의] 시선에 열어놓음으로써 이론적으로나 이상적으로 생겨나는 엄청난 가능성을 인식하는 특권적인 집단들 내부에서 의미를 지닌다. 그것은 문화적 독점과 자민족중심주의에 대적하는, 인본주의 경향의 영감어린 절충주의eclecticism를 나타낸다. 오늘날 모든 예술가들이 마주치는 문제이자 그러한 절충주의의 옹호자들이 직면하는 문제는 전 지구적 시스템이 지니는 고도의 유연성이다. 이는 독자성에 대한 각종 선언과 독창성에의 온갖 시도를 전유하는 데 비상할 만큼 능숙하다. 다원주의, 다양성, 재구성, 기준의 재정의, 다른 문화들에의 개방성 등에 대한 요청은 거의 발화되기가 무섭게 시스템―구체적으로 미디어, 사진이나 동영상, 정치적 심급, 기타 심급들―에 의해 흡수되고 선포되고 범속해지고 상연된다. 말의 가장 넓은 의미에서 예술의 어려움은 언제나, 예술이 이해받고자 한다면 어쨌든 구현해야만 하는 사회로부터 스스로를 거리 두는 것이었다. 예술은 사회(오늘날에는 세계를 뜻하는)를 표현해야 하는데, 이를 의도적으로 해야만 한다. 그것은 단지 수동적인 표현이라든지 상황의 단순한 한 양상일 수만은 없다. 만일 예술이 텔레비전이나 슈퍼마켓에서 사람들이 일상적으로 보지 못하는 무언가를 우리에게 보여주길 원한다면, 표현적이고 성찰적이어야만 한다. 현재의 조건들 아래서 표현과 성찰 사이의 간극을 관리하는 것은 더욱 어렵고도 중요한 일이다. 우선적으로 이는 더 이상 다른 곳이 없는 세계에서 외부성에 호소하는 역설적인 절충주의와 관련된다.

아마도 오늘날의 예술가들과 작가들은 '비장소' 속에서 아름다움을 추구하도록, 시사적인 사건들의 외견상의 자명성에 저항함으로써 아름다움을 발견하도록 운명지어져 있은 것이다. 그들은 이를 다음과 같은 몇 가지 방식으로 수행할 수 있을 것이다. 어떠한 주석이나 사용법으로부터 절연된 대상들, 사물들의 수수께끼 같은 특성을 조명함으로써, 중개자로 통하고자 애쓰는 미디어를 [예술의] 대상으로 취함으로써, 시뮬라크르와 미메시스$_{mimesis}$를 거부함으로써. 건축가들로 말하자면, 그들은 두 가지 출구를 가진다. 어떤 이들은 세계의 비참과 주거, 건설, 재건축 같은 긴급한 이슈들에 직접적으로 관여한다. 다른 이들은 커뮤니케이션, 교통, 소비의 공간들, '경험적인 비장소들'에 대해 전면공격을 벌일 기회를 갖는다. 가장 위대한 건축가들은 공항, 기차역, 교량, 일부 하이퍼마켓 들을 공동의 공간$_{communal spaces}$으로서 상상하였다. 그 이용자들, 승객, 손님, 혹은 고객들에게 시간이나 아름다움이 그들 역사에 부재하지 않는다는 감정을 줄 수 있는 공간으로서 말이다. 거기엔 아직도 한편으로는 수동성과 불안, 그리고 다른 한편으로는 모든 것에도 불구하고 희망, 혹은 적어도, 기대 사이에서 분열된 우리 시대의 이미지를 본뜬 유토피아의 조각들이 있다.

옮긴이 해제

따로 또 같이,
비장소에서
살아가기

초근대성의 영토

점점 더 많은 시간을 우리는 고속도로, 기차역, 공항, 호텔, 쇼핑몰, 대형마트 그리고 텔레비전과 인터넷 상에서 보낸다. 교통과 소비, 커뮤니케이션 활동을 위한 이 공간들이 차지하는 물리적·추상적 면적 또한 넓어져만 가는 추세다. 예컨대, 2014년 생활시간 통계에 따르면, 우리 국민은 일일 평균 1시간 39분을 '이동'을 위해 쓰고, 2시간 21분을 '미디어'를 이용하며 보낸다.[1] 별도로 조사되지 않은 '소비' 활동 시간을 뺀 채, 이동과 미디어 항목만을 따지더라도 우리가 하루 중 깨어 있는 시간의 꼬박 4분의 1을 채우는 셈이다. 한편 런던에서는 토지의 약 4분의 1, 로스앤젤레스에서는 약 2분의 1이 도로나 주차장 같은, 자동차를 위한 전용 공간으로 쓰인다.[2] 정확한 수치는 알 수 없지만, 서울 역시 런던 못지않을 것이다. 게다가 다른 교통관련 시설과 각종 대규모 매장들의 면적을 모두 더한다면, 그와 같은 공간이 대부분의 도시들 전체 영역에서 점유하는 비율은 상상 이상으로 높아질 것이 틀림없다. 뿐인가? 그 공간은 동시대 미학의 핵심 과녁으로 떠오른 지 이미 오래다. 세계 주요 대

---

1   통계청, 『2014년 생활시간 조사 결과』.
2   존 어리, 『모빌리티』, 강현수, 이희상 역, 아카넷, 2014, 227쪽.

도시의 공항과 터미널, 쇼핑몰과 명품매장은 유명 건축가들의 작가적 야심이 투영되는 중심 프로젝트로 자리 잡았다. 그러한 '작품들'은 때로 화려한 광고판이나 미디어 파사드를 덧입는다. 자동차를 비롯한 이동수단과 디지털 미디어는 최신의 UI~User Interface~와 UX~User Experience~ 디자인이 구현되는 심미화된 공간이기도 하다. 팽창을 거듭하며 어느새 대도시의 정경을 전면적으로 장악해버린 이 다양한 공간은 우리 삶에 어떤 영향을 미쳤으며, 또 어떤 의미를 지니고 있을까?

프랑스의 인류학자 마르크 오제가 1992년에 출간한 『비장소』는 바로 이러한 질문들을 본격적으로 다룬다. 비장소란 '장소 아닌 장소', 더 정확히 말하자면 '인류학적 장소'가 아닌 장소를 말한다. 인류학적 의미의 장소는 통상 역사가 깃들어 있고 다른 사람들과 유대를 창출하며 개인의 정체성에 준거를 제공하는 곳이다. 집이라든지 학교, 교회, 상점, 광장 등 사람들이 오랫동안 일상적으로 접해온 장소들이 그 대표적인 예일 것이다. 그런데 오제가 보기에, 우리 시대는 이러한 장소들 주위에 전례 없는 유형의 새로운 공간, 즉 비장소들을 대규모로 생산한다는 점에서 특징적이다. 비장소는 무엇보다도 이동과 소비, 커뮤니케이션을 위한 공간이라 할 수 있다. 그것은 교통수단 그 자체~자동차, 고속철, 비행기~로부터 관련 시설물~고속도로, 역, 공항, 주유소, 휴게소, 주차장~, 일시적인 체류 공간(호텔, 캠프), 소비와 위락 공간~대형매장, 아울렛, 테마파크, 리~

조트, 그리고 미디어와 커뮤니케이션 네트워크텔레비전, 인터넷, 스마트폰를 아우른다.

비장소는 우리 사회에 새로운 공간논리를 도입하고 부과한다. 그 이용자는 개별적으로, 하지만 남들과 다를 바 없이 탑승권, 주차권, 입장권, 네트워크 ID 등으로 상징되는 계약을 비장소와 맺는다. 거기서 그는 여권, 신분증, 회원권, 신용카드 같은 자기 신원의 증거를 제시하고서 일정하게 보장받은 자유를 누리며 조용히 돌아다닌다. 그것은 산책이나 여행, 혹은 방랑이 아니라, 분명한 목적이동, 상거래, 여가, 오락에 따른 활동이다. 거기서 의미작용은 지시어, 표지판, 이용 안내문, 광고 이미지, 홍보문구 등 코드화된 언어와 텍스트를 기반으로 삼는다. "타자의 현존이 없는 타자의 공간"이자 "스펙터클로 구성된 공간"인 비장소는, 오제에 따르면, 전통적인 장소와 대척점에 놓인다.[3] 사람들이 정착하고 전유하고 서로 교류하는 곳이 장소라면, 비장소는 통과하고 소비하고 서로를 소외시키는 곳이다. 장소가 개인에게 지나온 역사를 일깨운다면, 비장소는 영원한 현재를 살게 한다. 장소가 사회적 만남과 관계의 무대를 마련한다면, 비장소는 익명성 속에서 자기 자신만을 대면하는 거울로 기능한다. 장소가 다양한 상징체계와 대화, 상호작용을 매개로 개인의

---

3   Marc Augé, *Le sens des autres*, Paris, Fayard, 1994, p. 167.

정체성을 구성한다면, 비장소는 고독과 유사성의 경험을 빚어낸다.

사실 비장소에 관한 오제의 논의는 근대성의 전환에 대한 좀 더 거시적인 통찰 속에서 나온 것이다. 그가 『비장소』를 발표한 1990년대 초는 '근대 이후'를 진단하는 담론들이 쏟아져 나온 시기이기도 했다. 널리 알려져 있다시피, 몇몇 거대한 역사적 사건이 그 기폭제 노릇을 했다. 1989년 베를린 장벽의 붕괴와 동유럽 사회주의 체제의 잇따른 몰락, 그리고 1991년 소비에트 연방의 해체가 '짧은 20세기'의 종언을 고한 이후, 신자유주의적 전 지구화의 흐름이 확연해졌다. 정보기술이 괄목할 만한 발전을 거듭하고 해외여행과 관광산업이 성장하는 와중에 민족주의가 부활하고 세계 곳곳에서 국지전과 대학살이 벌어졌다. 이는 대규모 난민과 이주민, 관광객의 전 지구적 행렬을 낳았다. 새로운 혼돈 상황은 '근대 이후'에 대한 지식인들의 논쟁을 한층 가열시켰다. 그 결과 기존의 탈근대성postmodernity에 더해 후기근대성late modernity이라든지, 고도근대성high modernity, 과잉근대성hypermodernité, 액체근대성liquid modernity과 같은 다양한 개념들이 등장했다.

『비장소』에서 오제는 당대의 세계를 초근대성surmodernité이라는 개념으로 특징짓는다. 그 문제의식과 내용상 이는 프레드릭 제임슨Frederic Jameson, 앤서니 기든스Anthony Giddens, 데

이비드 하비David Harvey, 장 보드리야르Jean Baudrillard, 질 리포베츠키Gilles Lipovetski 등 다른 학자들이 내놓은 유사한 개념들과 공명하는 면이 적지 않다. 하지만 오제는 자신이 구태여 '초−sur-'라는 접두어를 쓰는 이유 몇 가지를 다음과 같이 밝힌다. 일단 우리는 이미 근대성의 지평을 넘어서버렸기 때문이다. 탈근대성을 비롯해 같은 계열의 용어들이 동시대를 마치 근대성이라는 역사적 과정의 연속선상에 있는 양 기술하지만, 오제가 보기에 강조되어야 할 것은 이제 근대성이 사라졌다는 사실이다. 한편 '초−'라는 수식어는 '중층결정surdétermination' 개념의 '중층−sur-'과 상통한다. 중층결정은 하나의 상징꿈이 여러 독립된, 혹은 연결된 원인들의 결과로 나타나는 현상을 일컫는 정신분석학 용어다. 그와 마찬가지로 초근대성은 다양한 층위의 사회적 힘과 과정들이 결합해 일어난 변화라는 것이다.[4] 끝으로 초근대성 개념은 동시대적인 변화의 논리가 무엇보다도 '과도함excès'의 산물이라는 점을 부각시킨다. 이 과도함은, 오제에 따르면, 시간과 공간, 그리고 개인의 층위에서 복합적으로 드러난다.

우선 '시간의 과도함'은 역사의 가속화와 방향 상실을 가

---

4   Marc Augé, "Non-Places," in Alan Read (Ed.), *Architecturally Speaking: Practices of Art, Architecture, and the Everyday*, London, Routledge, 2000, pp. 7-12.

리킨다. 시시각각 생산, 배포되는 엄청난 정보의 틈바구니에서 역사는 시사문제들의 끊임없는 흐름으로 치환되며, 그 일관된 방향을 가늠하는 일은 불가능해진다. '공간의 과도함'은 역설적으로 '지구의 축소'와 관련된다. 각종 교통수단의 발달로 인해 지리적 이동이 훨씬 쉬워지고 활발해졌으며, 텔레비전과 인터넷 같은 미디어의 재현 공간에서는 먼 곳과 가까운 곳의 사건들이 무차별적으로 뒤섞인다. 시간과 공간 수준에서의 이러한 변화는 주체의 수준에도 영향을 미친다. 정체성의 축을 이루는 집합적 준거들—전통, 공동의 가치규범, 담론과 상징체계—이 불안정해지고 세분화, 다원화되는 것이다. 그리하여 '개인성의 과도함'이 나타나는데, 이는 의미의 개인적인 생산 경향을 가리킨다. 사람들이 수많은 정보를 자기 식으로 취하고 해석함으로써 표상과 행위 수준에서 개별화된 준거의 중요성이 더욱 커진다. 초근대성에 대한 오제의 이 같은 진단은 새로운 전환의 객관적인 차원과 주관적인 차원을 함께 고려하고 있는 것으로 보인다. 이른바 '과도함'의 명제들이 전 지구적 차원에서 고도화되고 촘촘해진 정보 · 커뮤니케이션 네트워크의 발전 같은 물리적인 환경 변화와 그로 인해 사람들이 겪게 된 경험 변화를 통합적으로 논하고 있다는 뜻이다. 순식간에 쏟아져 나오는 무수한 뉴스가 시간에 대한 사람들의 감각을 바꾸어 놓듯이, 세계 구석구석을 재현하며 유통되는 이미지의 흐름은 공간에 대한 감각 또한 달리 만들며, 온갖 정치적·상업적 담론의 무한 증식은 개인주의를 강화한다는 것이다.

오제는 초근대성의 양상들이 비장소에서 가장 응축적으로 나타난다고 주장한다. 그가 '초근대성의 인류학 입문'을 위해 하필 '비장소'를 분석 대상으로 택한 이유가 거기 있을 것이다. 비행기나 고속철, 자동차에서는 각종 미디어를 통해 매순간 흘러나오는 시사정보가 역사를 대체한다. 이 엄청난 속도의 교통수단들은 우리가 사는 공간이 얼마나 좁아졌는지 실감나게 만든다. 대형마트에서는 세계 전역에서 온 상품들, 오지에서도 쓸 수 있는 신용카드가 어느새 하나의 마을처럼 작아진 지구를 상기시킨다. 비장소의 이용자는 언제나 수많은 사람들과 함께 움직이지만 결국 혼자일 따름이다. 그와 외부세계 사이에는 그를 끊임없이 승객, 고객, 소비자 개인으로 환원시켜 호명하는 스크린, 광고판, 포스터가 놓여 있다. 오제에 따르면, 사실 이러한 초근대적 상황에는 어떤 역설이 있다. 그것은 사람과 재화, 정보와 이미지의 자유롭고 가속적인 순환을 보여주는데, 그 안에서 개인은 능동적인 행위자로서보다는 수동적인 목격자로 위치 지어지며, 타자를 향해 열리기보다는 자기 자신에로 돌아가기 때문이다. 오늘날 우리는 그 어느 때보다도 모든 것에 가까이 닿아 있다는 환상을 가지는 동시에, 파편화되고 원자화된 세계에서 특별한 고독을 경험한다.[5] 한마디로, 초근대성이 주체와 타자의 관계를 매개하는 역사, 장소, 상징체계에 심층적인 변환이 일어남으로써 개인적 정체성과 사회적 유대가 새로운 국면으로 접어든 시기라면, 비장소는 바로 그 아이콘인 셈이다.

'지금 이곳'에 대한 인류학적 시선

1935년생인 마르크 오제는 파리의 고등사범학교ENS에서 문학을 전공하고 알제리에서 군복무를 한 뒤 인류학자로서의 공부를 본격적으로 시작했다.[6] 그는 모스, 프로이트, 레비스트로스, 알튀세르, 바르트 등으로부터 지적 영향을 받았으며, 1973년에는 유명한 아프리카 전문가이자 사회학자

---

5   Augé, *Le sens des autres*, pp. 163-165.
6   이 글에서 우리는 비장소를 이해하는 데 필요한 오제의 이력만을 간단히 언급하는 데 그친다. 좀 더 자세한 그의 전기적 정보와 관련해서는 다음의 두 글을 참고할 수 있다. Jean-Paul Colleyn & Jean-Pierre Dozon, "Lieux et non-lieux de Marc Augé", *L'Homme*, N. 185-186, 2008, pp. 7-32; Peter Merriman, "Marc Augé", in Phil Hubbard and Rob Kitchin (Eds.), *Key Thinkers on Space and Place*, 2nd edition, London, Sage, 2010, pp. 26-33. 한편 오제는 자신의 학문적 이력과 궤적에 대해 몇 차례 회고적인 평가를 내놓은 바 있는데, 대표적으로 다음의 논문을 참조할 만하다. Marc Augé, "An itinerary," *Ethnos*, Vol. 69, N. 4, 2004, pp. 534-551. 그가 2011년에 출간한 지적 자서전은 물론 가장 상세하고도 정확한 참고자료일 것이다. Marc Augé, *La vie en double-50 ans d'ethnologie*, Paris, Payot, 2011.

인 조르주 발랑디에_{George Balandier}의 지도 아래 국가박사 학위_{doctorat d'Etat}를 받았다. 오제는 한편으로는 정치적 탈식민화가 이루어지고 다른 한편으로는 구조주의라는 거대한 지적 모험이 벌어지던 시기에 아프리카 연구를 수행한 인류학자 세대에 속한다. 그는 1965년부터 1985년까지 서아프리카의 코트디부아르와 토고에서 현지조사를 계속했는데, 이를 바탕으로 『알라디안 연안_{Le rivage alladian}』(1969), 『권력과 이데올로기의 이론_{Theorie des pouvoirs et ideologie}』(1975), 『삶의 권력, 죽음의 권력_{Pouvoirs de vie, pouvoirs de mort)}』(1977) 같은 저작들을 발표했다. 나중에 그는 아프리카에서 공간, 사람_{personne}, 사건, 매개_{médiation}의 이론으로 발전해나갈 교훈을 얻었다고 회고한 바 있다.[7]

1970년 이래 오제는 파리 사회과학고등연구원_{EHESS}의 교수로 재직했으며, 1985년부터 1995년 사이에는 이 기관의 원장을 역임하기도 했다. 그는 또 1992년 제라르 알타브_{Gérard Althabe}, 장 바쟁_{Jean Bazin}, 에마뉘엘 테레_{Emmanuel Terray} 등 동료 인류학자들과 함께 동시대세계인류학연구소_{Centre d'anthropologie des mondes contemporains}를 창설했다. 한 가지 흥미로운 사실은 그가 1970년대 중반에 장 보드리야르, 미셸 드 세르토, 폴 비릴리오_{Paul Virilio} 등이 편집진으로 있었던 『트

7   Augé, "An itinerary," p. 537.

라베르스*Traverses*(1975-1994)라는 학제적 저널에 참여했다는 것이다. 철학, 미학, 인문학에 광범위하게 걸쳐있었으며 아방가르드 성격이 짙은 이 저널은 신체, 정원, 사막, 종이, 비밀, 전염병, 공포 등 다양한 주제를 다뤘는데, 일상성과 공간적 실천에 각별한 관심을 기울였다는 점에서 오제의 이후 학문적 진화 방향을 예고하는 면이 있다.[8]

오제가 당대 서유럽(혹은 프랑스) 사회에 관한 연구들을 본격적으로 내놓기 시작한 것은 1980년대 중반부터다. 이는 그가 아프리카에서의 오랜 현지조사를 매듭짓고 파리로 되돌아온 이후 일정한 적응기를 가진 사실과도 무관하지 않다. 파리라는 장소를 새삼 거리를 두고서 낯설게 바라볼 수 있었던 오제는 도시 정경에서 새롭게 변모한 부분을 감지하고 관찰했다. 그는 아프리카에서 타자를 향했던 공간, 정체성, 사회관계에 관한 질문들을 자기 자신과 자문화 쪽으로 되돌렸다.[9] 그러한 작업은 인류학자로서 자기 삶의 하루를 기술한 『뤽상부르 정원 가로지르기*La traversée du Luxembourg*』(1985)를 기점으로, 파리 지하철에서의 의례, 기억, 여정을 일상적인 이용자의 시각으로 분석한 『지하철의 인류학자*Un*

---

8   Peter Merriman, "Marc Augé on space, place and non-place," *Irish Journal of French Studies*, N. 9, 2009, p. 12.

9   *Ibid.*, p. 13.

ethnologue dans le métro(1986), 시방의 부농산과 전원생활 이미지에 대한 부유층 대상 잡지들의 표상체계를 분석한 『영지와 성*Domaines et châteaux*』(1989) 등으로 이어졌다. 동시대 프랑스의 일상을 인류학적 시선으로 탐구하는 이러한 일련의 저작 활동 와중에 나온 『비장소』는 오제에게 전 세계적인 명성을 안겨준 대표작으로 꼽힌다.[10]

이밖에도 오제는 기억과 시간, 정체성의 문제를 파고든 『망각의 형태*Les formes de l'oubli*』(1998), 『폐허 속의 시간*Le temps en ruines*』(2003), 『카사블랑카*Casablanca*』(2007), 『자기의 민족학—나이 없는 시간*Une ethnologie de soi-Le temps sans age*』(2014) 등을 내놓았으며 픽션, 관광, 술집, 질병, 사이클링, 전 지구화, 9/11, 이동성, 삶의 의미 등과 같은 다양한 주제를 다룬 에세이들을 꾸준히 발표했다. 그는 또한 장 무니크*Jean Mounicq* 같은 유명한 사진작가를 위시한 예술가들과의 협업을 통해 파리, 베네치아에 관한 책과 사진집 등을 발간했고, 영화 제작에 참여하기도 했다.[11] 이러한 지적 여정의 중간 중간에 그는 탈식민화와 전 지구화 이후 인류학의 학문적 토대와

---

10   셰링햄은 이 네 권의 저작을 중심으로 동시대 세계에 대한 오제의 인류학적 탐구를 비판적으로 검토한 바 있다. Michael Sheringham, "Marc Augé and the ethno-analysis of contemporary life," *Paragraph*, Vol. 18, N. 2, 1995, pp. 210-222.

11   Merriman, "Marc Augé," p. 28.

역할을 성찰하면서『상징, 기능, 역사*Symbole, fonction, histoire*』(1979),『타자들의 의미*Le sens des autres*』(1994),『동시대 세계들의 인류학을 위하여*Pour une anthropologie des mondes contemporains*』(1994),『인류학자와 전 지구적 세계*L'anthropologue et le monde global*』(2014) 같은 이론서들 역시 출간했다.

오제 자신의 회고에 기대자면, 인류학자로서 그의 경력은 크게 세 단계를 거치며 진화해갔다고 할 수 있다. 그가 오랜 현지조사를 바탕으로 아프리카 문화를 연구한 '정주*séjour*의 민족학' 단계, 아프리카, 남미, 유럽 등 여러 사회의 국지적 상황들을 체계적으로 비교한 '편력*parcours*의 민족학' 단계, 특정한 문화 현상의 인류학적 구성요소들을 주의 깊게 관찰한 '만남*rencontre*의 민족학' 단계가 그것이다. '지금 이곳'에 대한 그의 연구는 세 번째 단계에 해당하는데, 이는 반드시 의도되고 계획되기보다 존재 과정 중에 우연적으로 수행되며 정주와 편력의 민족학에 대한 충분한 경험이 있기에 가능하다는 특징을 지닌다.[12] 오제는 이렇듯 '먼 곳의 인류학'에서 출발해 '가까운 곳의 인류학*anthropologie du proche*'에로 이르는 학문적 여정을 밟아온 셈이다. 유의할 것은 '가까운 곳의 인류학'이 단순히 '저기 먼 곳'으로 향했던 인류학의 시

---

12 Marc Augé, *L'anthropologue et le monde global*, Paris, Armand Colin, 2013, 3장.

선을 여러 이유—탈식민화, 학문적 자기반성 등—로 뒤집어 놓은 판본이 아니라, "이국주의exotisme 없는 인류학"을 추구한다는 점이다. 이국주의는 먼 곳을 향하든 가까운 곳으로 방향을 틀든 연구 대상이 되는 사회가 여타 사회들과 근본적으로 다르다는 전제를 깔고 있다. 그런데 오제가 보기에, "오늘날 어떤 각도에서 접근하더라도 맥락은 전 지구적"이다.[13] 이는 달리 말하자면, 전통적인 인류학의 이국주의적 범주들이 현재의 전 지구화된 상황을 조망하는 데 적절하지 않다는 것이며, 나아가 실제 의미 있는 차이들을 감지하지 못하게 만드는 장애물로 작용할 수 있다는 것이다.[14]

초근대성에 대한 오제의 진단, 그리고 '가까운 곳의 인류학'으로의 전환에는 이처럼 전 지구화의 사회문화적 영향에 대한 그의 예민한 인식이 중요한 배경을 이루고 있다. 그렇다면 전 지구화란 무엇을 말하는가? 오제는 그것을 두 가지 수준에서 개념화한다. 한편으로 전 지구화는 교통·통신 기술 및 네트워크의 발전과 광범위한 확산에 상응한다. 다른 한편 그것은 (대의제 민주주의와 결합한) 신자유주의적 자본주의의 세계적인 관철을 의미한다. 오제는 이러한 전 지구화가 가져오는 경제적·지적 불평등을 환기시키는 동시

13   Augé, "An itinerary," p. 544.
14   Augé, *Le sens des autres*, pp. 189-190.

에, 그 이면에서 부상하는 세계주의의 사회적 · 생태적 인식에 주목한다.[15] 나아가 그는 전 지구화된 동시대의 세계를 그 복잡성 속에서 섬세하게 이해하려면 무엇보다도 인류학적 접근이 유용하다고 주장한다. 인류학은 사회적 현장에 천천히 침투해서 그 특성들을 정교하게 기술하는 민족지라는 방법을 가진다. 그것은 또 사람들이 당연하고 자연스럽다고 간주하는 것이 실은 자의적인 것이며, 의지적이면서도 무의식적인, 즉 문화적인 것이라는 진실을 일깨워준다.[16] 그러므로 인류학은 전 지구성globalité을 보편성universalité과 혼동하지 않으면서 당대 세계에서 나타나는 온갖 차이와 불평등, 문제 지점과 희망의 조짐 들을 역동적으로 포착할 수 있다는 것이다.

오제에 따르면, '지금 여기'에 대한 인류학적 탐구에서 중심적인 과제는 방법의 문제가 아닌 대상의 문제, 즉 새로운

---

15 Augé, "An itinerary," p. 545.
16 오제의 비유를 빌리자면, 기호와 지표로 가득 찬 문화를 해독하는 인류학자는 추리소설의 탐정과도 비슷하다. 그런데 이때 인류학자의 모델을 제시하는 탐정은 뒤팽이나 홈즈, 포와로보다는 매그레 반장 쪽에 가깝다. 조르주 심농(George Simenon) 소설의 주인공인 이 형사는 다른 탐정들처럼 각종 증거와 증언을 수집하고 상황을 분석함으로써 범인을 특정해가지 않는다. 대신에 그는 어떤 환경과 장소의 특징들이 그 안에 모든 가능한 시나리오를 담고 있으므로 그 공간에 최대한 침잠함으로써 자연스레 떠오르는 진실을 밝힐 수 있다고 본다. Augé, Le sens des autres, pp. 103-104.

연구 대상을 발견하고 구축하는 문제다. 이와 관련해 그는 공간과 개인이라는 두 가지 요인을 특히 강조한다. 공간이 중요한 이유는 초근대성의 갖가지 특징들이 거기 중첩되어 있기 때문이다. 이러한 맥락에서 도시화와 거대도시들의 성장, 공간적 분리와 배제, 미디어와 가상공간의 발전, 전통적 경계의 약화와 새로운 기술적 상호연결망의 형성, 비장소의 창궐 등이 인류학의 주요 연구 안건들로 부상한다. 또한 개인이 중요한 것은 초근대성의 상황에서 개인화가 점점 더 심화되는 현실과 연관된다. 이는 오제가 '평균적 인간'을 분석 대상으로 상정하는 인류학의 기존 패러다임들—모스에서 기어츠Clifford Geertz까지 이어지는 문화주의culturalisme와 레비스트로스가 대표하는 구조주의—이 동시대 세계의 민족지에 적합하지 않다고 주장하는 근거가 된다.[17] 인류학은 개인이 정치경제적 제약들 속에서 발휘하는 자유, 구조의 힘에 대응해 구사하는 전술적 실천들, 새로운 환경 아래서 그가 하는 경험의 특이성에 더 많은 주의를 기울여야 한다는 것이다. 이렇게 볼 때, 『비장소』는 동시대성의 인류학이라는 오제의 지적 기획을 이론적 논의와 경험적 분석 양편에서 구체적으로 예시하고 있는 저작이라 할 만하다.

17   Augé, *Le sens des autres*, pp. 184-186.

비장소의 확산

프랑스 학계에서 장소 개념이 중요하게 대두하기 시작한
것은 1970년대의 일이었다. 이때부터 이미 지리학자 외에
도 작가, 인류학자, 심리학자 등 여러 분야의 전문가들 사이
에서 학제적인 관심이 일었다. 이후 1980년대에는 철학자,
역사가, 건축가들이 장소에 관한 학문적 토론에 합류하였
고, 1990년대에 이르러서는 이 다면적 개념의 다양한 활용
이 이루어진다. 이는 앙드레 미쿠Andre Micoud의 '명소haut lieu',
티에리 파코Thierry Paquot의 '바깥장소hors-lieux', 로리에 튀르장
Laurier Turgeon의 '사이장소entre-lieux' 등 새로운 연구영역을 가
리키는 새로운 개념들을 낳았으며, 그 연장선상에서 일정
한 이론화의 노력 또한 기울여졌다. 오제의 비장소 개념이
등장한 것은 이처럼 프랑스 지식사회에서 장소에 대한 지적
논의가 본격적으로 증가하던 시기였다.[18]

공간에 대한 오제의 관심은 두말할 나위 없이 인류학자로

---

18 Aline Brochot & Martin de la Sourdière, "Pourquoi le lieu?"
    Communications, N. 87, 2010, pp. 5-16. 한편 초근대성과 비장소에 관한
    오제의 사유를, 보스틸스처럼, 푸코나 들뢰즈, 세르토를 비롯한 이른바 '프랑
    스 이론(French theory)'의 형성 맥락에서 계열화해볼 수도 있을 것이다. cf.
    Bruno Bosteels, "Non-places. An anecdoted topography of contemporary
    french theory", *Diacritics*, Vol. 33, N. 3/4, 2003, pp. 117-139.

서 그 자신의 학문적 지향과도 밀접히 연결되어 있었다. 그의 초기 아프리카 연구와 후기의 자문화 연구는 종종 서로 동떨어진 것처럼 여겨지지만, 사실 공간을 핵심적인 매개 고리로 삼고 있다는 평가를 받기도 한다. 단적으로, 비장소는 그가 아프리카에서 답사했던 마을과 장소들의 "반정립적 형상"이라는 것이다.[19] 이국땅에서나 고향에서나 오제는 기호체계, 상징화 과정, 의례장치, 정체성과 타자성의 변증법을 규명하려 애쓰는데, 그가 보기에, 그러한 사회적 메커니즘의 작동 방식은 무엇보다도 고유한 장소들의 생산을 통해 나타난다. 장소는 우리가 타자 및 세계와 맺는 관계를 규정하며 개인적이고 집단적인 기억을 구성한다. 비장소의 경험이 특정 지역이나 영토에의 소속 경험 못지 않게 인류학에서 진지하게 다루어져야 하고, 초근대성에 비판적으로 접근하는 통로를 마련해준다면 바로 그 때문일 것이다.

그런데 비장소 개념을 적절히 이해하고 활용하려면 몇몇

---

19 Colleyn & Dozon, "Lieux et non-lieux de Marc Augé", p. 27. 『지하철의 인류학』의 영역자인 콘리는 오제의 아프리카 연구와 서구 일상생활 연구 사이에 적어도 네 가지 정도의 구체적인 접점이 있다고 지적한다. 커뮤니케이션 기술이 발전할수록 고독이 심화된다는 관찰, 자기와 타자와의 대화가 닻을 내리는 지대들에 대한 관심, 공간의 축소와 비장소가 탈식민 문화의 중요한 특징이라는 인식, 기억의 일탈과 망각이 고독에 대한 하나의 해결책이라는 시각 등이 그것이다. Tom Conley, "Introduction: Marc Augé, 'A little history'", in *In the Metro*, pp. xvii-xix.

사항을 주의 깊게 고려할 필요가 있다. 먼저 오제가 비장소의 급증을 구조적 힘들의 작용과 그로 인한 물리적·상징적 공간의 광범위한 변동 속에서 관찰한다는 것이다. 그는 특히 신흥국들에서 두드러지는 급속한 도시화, 정치적 격변에 따른 인구의 대량 이주, 지적·경제적 불평등의 심화에 주목한다. 그리하여 비장소 개념은 단순히 대도시 내부와 주변에 번성하는 이동, 소비, 커뮤니케이션을 위한 시설과 건축물들만을 지칭하는 것이 아니라, 정치적 폭력과 경제적 양극화가 시스템 바깥으로 내몬 인구의 임시 거처들까지를 포함한다. 비장소의 한 극에 공항과 비행기와 다국적 호텔 체인이 있다면, 맞은편 극에는 수용소와 난민캠프와 철거촌이 있는 것이다. 타자와의 직접적 소통과 실재에 대한 직접적 경험을 대체하는 미디어 공간―텔레비전, 인터넷, 모바일 미디어―은 아마도 비장소의 또 다른 극을 구성할 터이다.[20]

20　오제가 이 기술 의존적 비장소의 형성 과정과 작동 방식을 세밀하게 탐구하는 데까지 나아가지는 않는다는 점을 덧붙여 지적해두자. 프랑스 학계에서 브뤼노 라투르(Bruno Latour)와 미셸 칼롱(Michel Callon)의 인간-기술 네트워크에 대한 인류학적 접근이 1980년대부터 발전하기 시작했음을 고려하면 이는 다소 아쉬운 일이다. 하지만 오제의 지적 관심은 무엇보다도 사회관계의 상징적 층위를 매개로 한 개인적·집단적 정체성의 구축에 그 초점이 맞춰져 있는 것으로 보인다. 그리하여 그는 예컨대, 『꿈들의 선생』 같은 저작을 통해 새로운 미디어 공간과 맞물린 이미지의 과잉이 실재와 픽션의 전통적인 분할에 어떤 변화를 낳고 공동의 의미세계 구축에 어떤 난점을 초래하는지 논의한다. cf. Marc Augé, *La guerre des rêves*, Paris, Seuil, 1997.

오제에 따르면, 이러한 비장소들은 승객, 고객, 소비자, 이용자, 이주민, 난민, 빈민 같은 새로운 정체성과 경험양식을 생산한다. 비장소에 대한 오제의 탐구는 이처럼 시스템, 제도, 사회적 코드, 커뮤니케이션 기술 같은 구조적 조건들의 변화가 공간을 매개로 개인에게 가져오는 효과를 겨냥함으로써 거시와 미시의 분석 수준을 넘나드는 특징을 드러낸다.

다음으로 유념할 것은 비장소 및 그 맥락을 이루는 초근대성 개념이 가치판단과 거리를 두고 있다는 점이다. 물론 장소/비장소의 성격에 대한 구분과 '과도함'의 명제가 그 자체로 좋고 나쁜 것에 대한 어떤 기준을 깔고 있지 않은가 하는 의구심은 자연스럽다. 실제로 『비장소』를 비롯한 오제의 텍스트들에는 그러한 혐의를 둘 만한 부분이 적지 않다. 사람들이 서로 만나고 관계를 구축하는 장소는 바람직한 반면, 모두가 서로에 대해 이방인인 비장소는 좀 문제가 있다는 식으로 말이다. 초근대성을 특징짓는 '과도함'이라는 속성 또한 아예 그 명명에서부터 뭔가 '적정선을 넘어선 과잉'과 같은 부정적 인상을 남긴다. 이러한 문맥에서 오제가 전후세대이자 파리지앵으로서 지니는 개인적 정체성 탓에 동시대의 새로운 변화상에 대해 "우울한gloomy" 세계관을 은연중에 드러낸다는 지적 또한 나름대로 일리가 있다.[21]

21 Emer O'Beirne, "Mapping the Non-Lieu in Marc Augé's Writings", *Forum*

그럼에도 두 가지 사실은 그의 논의를 가급적 비관론/낙관론의 틀에서 벗어나 검토해야 할 필요성을 일깨운다. 하나는 오제 스스로가 자신의 존재론적 한계로부터 나오는 편견을 의식하고 통제하려는 노력을 끊임없이 기울인다는 것이다. 그는 비장소나 초근대성 논의가 가치판단과 무관하다는 점을 확인하며, 새로운 것을 '종래의 것이 지닌 본질을 비튼 것'으로 간주하려는 복고주의적 시각을 배격한다. 그리하여 비장소에 대한 그의 기술과 설명은 하이데거 이래 장소 담론이 암묵적으로 전제해온 과거/전통/공동체/시골에 대한 노스탤지어와 단절한 상태에서 이루어지는 것이다.[22] 다른 하나는, 그러면서도 오제가 초근대적 전환의 어

---

for Modern Language Studies, Vol. 42, N. 1, 2006, pp. 38-50.

22 이는 『비장소』가 전통적인 장소의 소멸과 상실을 지적한 에드워드 랠프 Edward Ralph의 『장소와 장소상실(*Place and Placelessness*)』 같은 저작과 근본적으로 다른 지점으로 꼽힌다. 물론 그렇다고 해서 오제의 논의가 실존적 비관론이나 감상주의로부터 완전히 면제되어 있다고 말할 수는 없다. 그러한 정조는 그의 텍스트가 저자 개인의 시각과 자전적 경험을 드러내는 방식을 취하기 때문에 더욱 피해가기 어려운 면이 있다. 그러한 측면에서 오베이른은 『지하철의 인류학자』를 문제 삼은 바 있다. 즉 『비장소』의 논지대로라면 전형적인 비장소의 하나일 파리의 지하철을 분석하면서 오제는 정작 그 곳을 장소로서 탐구한다는 것이다. 오베이른은 그러한 태도가 파리 지하철에 대한 오제 자신의 개인적인 감상과 애정 때문은 아닌지 반문한다. O'Beirne, "Mapping the Non-Lieu in Marc Augé's Writings" pp. 42-45. 그런데 이는 『비장소』가 『지하철의 인류학자』에 비해 6년 늦게 나온 책이라는 점을 감안하면, 시간이 지나면서 오제의 시각이 변화했기 때문이라고 볼 수도 있다. 하지만 다시 『비

떤 면모들에 대한 강한 비판의식을 가지고 분석을 수행한다는 것이다. 그는 여러 텍스트에서 소비자본주의가 초래하는 다양한 불평등, 대중을 소외시키고 무력화하는 대도시 공간, 사회적 격차와 양극화를 추동하는 전 지구화의 폭력성에 대해 끊임없이 환기시킨다. 이처럼 분석적인 동시에 비판적인 오제의 입장은 상당한 긴장을 자아내는데, 이는 단순한 비관론으로 쉽사리 환원되어서는 안 된다.

비장소 논의에 대한 정당한 비평을 위해서는 그것이 오제의 논의 안에서 일정한 강조점의 이동을 겪었다는 사실 역시 감안해야 한다. 『비장소』에서 오제는 비장소를 그 구획과 경계가 경험적으로 명확해 계량적 측정까지 가능한 대상인 양 정의하면서도, 장소와 비장소가 모호한 양극성을 이루는 개념이며 결코 순수한 형태로 존재하지 않는다고 약간의 뉘앙스를 더한 바 있다. 그는 나중에 쓴 몇몇 텍스트에서 그러한 단서를 한층 부각시키면서, 비장소의 물리적이고 고정적인 성격보다는 유연성과 가변성을 더욱 강조하기에 이른다.[23] 즉 동일한 공간이 어떤 이에게는 장소, 다른 이에게는 비장소일 수 있으며, 같은 사람에게도 단기적으로는 비장소,

장소』 이후 오제가 개인 행위자의 경험에 따른 장소/비장소 구분의 가변성을 훨씬 더 강조했다는 점을 떠올리면, 『지하철의 인류학자』는 십여 년 뒤에 올 오제의 사유를 '예상표절'한 책이라고 말할 수 있을지도 모른다.

23 cf. Augé, *Le sens des autres*, 5장; Augé, "Nonplaces", pp. 7-12.

장기적으로는 장소일 수 있다는 것이다. 오제는 공항을 예로 들면서, 거기서 동료와 관계를 맺고 일하는 사람에게 그것은 장소이며 그곳을 우연히 혹은 단지 한 번 통과하는 사람에게는 비장소라고 주장한다.[24] 그에 의하면, 실제 세계에서 장소와 비장소는 서로 긴밀히 얽혀 있으며 어떤 장소든 비장소로서의 잠재적 속성을 지닌다. 이처럼 이용자에 의해 공간의 핵심 성격이 달라진다는 오제의 인식이 비장소 개념을 지나치게 상대화시킴으로써 분석적 유용성을 떨어뜨린

---

[24] Augé, "Nonplaces", p. 12. 스티븐 스필버그 감독의 〈터미널〉(2004)을 본 사람이라면 오제가 공항을 비장소의 전형으로 거론할 때, 이 전형적인 할리우드 영화를 떠올리지 않을 도리가 없을 것이다. 톰 행크스가 연기한 주인공 빅토르 나르보스키는 미국 입국 수속을 밟던 도중 본국의 군사쿠데타 발발과 외교 단절로 인해 공항 통과가 불가능해진 일종의 난민이다. 그는 오도 가도 못하는 상황에서 뉴욕 JFK공항의 국제선 환승 라운지에서 생활하게 된다. 〈터미널〉은 이처럼 전체적인 설정에서부터 '공항'과 '난민촌'이라는 비장소를 이중으로 포개어놓는다. 또 영화는 "당신이 유일하게 할 수 있는 일이라고는 쇼핑밖에 없는" 공항의 비장소적인 특성들-각종 매장, 면세점, 라운지, 대형 텔레비전과 스크린, 출입국 검사대, 보안구역, 그리고 통행자들-을 도입부에서 생생히 묘사한다. 흥미로운 것은 〈터미널〉이 비장소 개념의 미묘한 논점들을 뚜렷이 부각시킨다는 점이다. 즉 공항에 살면서 빅토르는 그곳에서 일하는 여러 직종의 사람들과 개인적인 친분을 맺고 다양한 시설과 공간을 자기 방식으로 이용함으로써 비장소를 마치 집처럼 변형해낸다. 이처럼 영화는 공항 같은 공간조차 거기서 일하고 생활하는 사람들에게는 충분히 장소일 수 있으며, 또 개인의 실천에 따라서는 물리적 특성상 비장소인 공간을 장소로서 일정하게 전유할 수도 있다는 가능성을 보여준다.

비장소

다는 비판도 없지 않다.[25] 하지만 그것이 장소/비장소의 구분을 이분법적으로 고착시키지 않고 일종의 이념형으로 설정함으로써 장소를 한층 개방적이고 이질적이며 역동적인 대상으로 개념화하는 방향으로 나아갈 가능성을 열어줄 수도 있을 것이다.

　최근에 오제는 "오늘날 비장소는 모든 가능한 장소의 맥락이 되었다"고 단언한 바 있다.[26] 사실 비장소는 그에 관한 진단이 처음 나온 1990년대 초반 이래 급속히 증가하고 확산된 나머지—미디어 기술과 네트워크의 발전은 그 주원인 가운데 하나다— 우리가 살아가는 공간 대부분을 차지하기에 이르렀다. 그러므로 오제에 따르면, 우리가 역사성과 사회성과 개인성의 공간으로서 장소를 구축하고자 할 때, 나아가 '다른 공간'으로서 헤테로토피아를 생산하고자 할 때, 그러한 시도는 비장소라는 당대의 주어진 조건 위에서 이루어질 수밖에 없다는 것이다. 더 이상 비장소는 한낱 익명적이고 기능적인 사이공간에 그치지 않는다. 장소와 비장소 간의 이와 같은 일종의 '전경—배경 역전 현상'은 많은 장소

25　Peter Merriman, "Marc Augé on space, place and non-place," *Irish Journal of French Studies*, N. 9, 2009, pp. 9-29.

26　Marc Augé, "Progrès et culture", *Le Monde diplomatique*, Supplément 《Réflexions sur le progrès》, octobre 2015, https://www.monde-diplomatique.fr/2015/10/AUGE/54008

들이 비장소로 변해가는 경향에 대한 분석 못지않게 비장소를 장소화하기 위한 방책의 성찰을 요구한다. '장소 아닌 장소'가 장소로 거듭날 수 있으려면, 그리하여 풍부한 질감을 가지고 고유한 색조를 띨 수 있으려면 어떤 문화와 윤리, 실천들이 필요할 것인가? 역설적이지만 비장소 개념은 결국 사회적 관계와 상징적 매개와 공통감각의 복원, 혹은 갱신을 위한 고민으로 우리를 초대하는 것처럼 보인다.

에세이와 민족지 사이

『비장소』에 관해 이야기하면서 그 스타일에 대한 언급을 빼놓을 수 없을 것이다. 일단 이 책은 큰 틀에서 에세이라 할 수 있다. 그런데 이는『비장소』가 논리 전개의 전형적인 방식에 얽매이지 않고 다소 문학적인 표현들 속에서 독창적인 사유의 편린을 자유분방하게 제시한다는 의미에서만은 아니다. 그것은 오히려 소설가 무질이 말하듯 "우리가 정확하게 작업할 수 없는 영역에서 도달할 수 있는 가장 엄밀한 형식"이 에세이라는 의미에서 그러하다.[27] 사회적 과정이 너무 복잡한데다 빠르게 변화하기 때문에 총체적이고 체

---

27 Robert Musil, *Precision and Soul*, Chicago, The University of Chicago Press, 1990, p. 48.

계적인 분석이 매우 어려워진 시대에 에세이는 파편적인 통찰력을 담아낼 수 있다는 미덕을 지닌다. 게다가 그것은 전통적인 학술서에 비해 훨씬 더 폭넓은 독자층과 소통할 수 있게 해준다. 오제는 이 책을 통해 기존에 제대로 개념화된 바 없는 '비장소'를 문제화하고 그 함의를 최대한 깊이 있게 사유하면서도 흥미롭게 전달하기 위해 애쓴다. 이 책이 발간되자마자 세계적인 주목을 끌고 인류학뿐만 아니라 철학, 미학, 사회학, 커뮤니케이션학, 문학비평, 건축학, 도시공학 등 여러 학문 분야에서 지금껏 광범위한 영향을 미쳐온 것은 오제의 그러한 노력이 성공적이었음을 반증한다.

그런데 에세이라는 틀에만 집중한 나머지 『비장소』가 일종의 '실험적 민족지'로서 갖는 특징과 장단점 들을 그대로 지나쳐버린다면 곤란하다. 사실 오제가 열대에서 귀향한 이후 내놓은 '가까운 곳의 인류학'이 동료 학자들의 주의를 끌었던 데는 단순히 연구 지역이나 대상에서의 변화만이 아닌, 민족지 기법상의 변화 역시 중요한 역할을 했다. 이 변화의 실질적인 내용은 "일부분 자전적이고 일부분 허구적인 에세이식의 인류학적 접근"으로 간단히 요약할 수 있을 텐데, 이를 "문학적 전환"이라고 평가하는 연구자마저 있다.[28]

28　Merriman, "Marc Augé", p. 27; Sheringham, "Marc Augé and the ethno-analysis of contemporary life," p. 219.

관련 텍스트로서는 첫 저작이자 '소설적 민족지ethno-roman'라는 부제를 달고 있는 『뤽상부르 정원 가로지르기』에서부터 오제는 인류학자로서 자기 삶의 하루를 1인칭 서사로 기술하는 식으로 새로운 글쓰기를 시도했다. 『비장소』를 비롯한 이후의 책들에서도 그는 1인칭의 서술은 물론, 이론을 바탕으로 꾸며낸 인물들, 가상의 대화와 에피소드 등을 적극적으로 활용한다. 이러한 문학적 경향은 지속적으로 이어졌는데, 그 결과, '픽션적 민족지ethno-fiction'−저자에 따르면, 이는 '과학소설science-fiction'을 염두에 둔 표현이기도 하다−를 표방한 『꿈들의 전쟁』이라든지 『어떤 노숙자의 일기Journal d'un SDF』(2011), 자전적 에세이인 『카사블랑카』 같은 저작을 낳기도 했고, 『아르튀르의 어머니La mère d'Arthur』(2005), 『낮과 밤의 꿈Rêves du jour et de la nuit』(2016) 같은 본격적인 창작 소설들을 낳기도 했다. 가상의 사업가 뒤퐁 씨의 공항 가는 길, 그리고 비행기 탑승 에피소드로부터 시작하는 『비장소』 또한 흔히 단순한 에세이 혹은 이론서처럼 읽히고 있으나 실상 문학적 민족지의 실험과 떼어놓고서는 온전히 평가하기 어렵다.[29]

여기서 잊지 말아야 할 것은 오제의 새로운 글쓰기 스타일이 새로운 연구 방법과 긴밀히 맞물려 있다는 점이다. 그

[29]   Merriman, "Marc Augé on space, place and non-place," pp. 20-22.

방법은 한마디로 '자기의 민족학'–이는 그의 책 제목이기도 하다–, 혹은 『비장소』에서 나오는 표현인 '자기민족지적 분석$_{auto-ethno-analyse}$'–다른 책들에서 그는 종종 같은 의미로 '민족지적 분석$_{ethno-analyse}$'이라는 용어를 쓰기도 한다–이라 할 수 있다. 그것은 인류학자 자신을 자문화의 토착민이자 핵심 정보원으로 간주하면서, 연구 대상의 인류학적 차원을 그것이 위치 지어지는 (집합적) 수사학 체계, 그리고 연구자의 개인적 경험과의 관련 속에서 규명한다. 이때 연구자의 개인적 경험은 타자와의 관계 속에서만 심층적인 해석이 가능하다는 점에서 결국 타자에 다가가는 가장 효율적인 수단으로 여겨진다. 민족지적 분석은 또 글쓰기에서 상상과 창작이 차지하는 역할을 중시한다.

'자기의 민족학'에 대한 오제의 옹호와 문학적이고 자기 성찰적인 스타일은 프랑스 인문사회과학 특유의 학술적 에세이 전통, 그리고 이미 1970년대부터 확연히 드러났던, 기존 인류학에 대한 그의 반성적 태도와 긴밀히 얽혀 있는 것으로 보인다.[30] 나아가 그것은 오제가 민족지의 전통적 성격

---

30 전통적 인류학의 민족지 쓰기 관행에 대한 오제의 성찰적 시각은 1973년에 나온 국가박사학위 논문에 이미 분명히 나타나 있다고 평가받는다. 이와 관련해 콜렝과 도종의 다음과 같은 논평은 의미심장하다. "그것은 꼼꼼한 민족지에 기반을 둔 동시에 1970년대 인류학의 주요 테마들을 토론한 아주 공들인 논문이었다. 그것이 1980년대 말 '탈근대적' 저자들이 인류학 일반에 대

과 기능, 사실주의적 관습을 둘러싼 비판적 성찰을 심화시켰던 미국 인류학의 탈근대적 전환과 해석인류학의 조류에 일정하게 가세하고 있음을 보여준다.[31] 오제의 스타일이 영미권 학자들에게 좀 더 민감하게 받아들여지고 체계적인 검토와 비평의 대상이 된 이유도 이와 무관하지 않을 것이다. 그렇다면 그의 실험은 새로운 민족지 쓰기의 의미 있는 전범을 제시했다고 말할 수 있을까? 일단 동시대 프랑스 사회를 다룬 그의 저작들이 전문가 집단의 범위를 넘어서 일반 공중으로부터도 상당한 호응을 얻었다는 사실은 새로운 글

해 가한 비판에 결코 빌미를 줄 수 없다는 점을 확인하는 일은 짜릿하다. 거기서 석호(潟湖)사회들은 결코 신화적 시간성 속에 내팽개쳐지지 않았고, 논문은 '독백적'이지 않았다. 논문의 커다란 부분이 주요 정보원들에게 할애되었고 (…), 각 장은 자료의 생산조건을 설명했으며, 성찰성을 위한 노력이 끊임없이 이루어졌다." 오제의 학위논문은 나중에 『권력과 이데올로기 이론-코트디부아르에서의 사례 연구』라는 저작으로 출간되었다. 비서구 사회에 대한 인류학의 제국주의적 시선이라든지 서구 연구자의 위치를 일방적으로 특권화 하는 민족지 쓰기를 지양하려 애쓰면서, 오제는 십여 년 후 미국 인류학의 탈근대적 흐름이 불러올 다양한 실험을 예비했던 셈이다. Colleyn & Jean-Pierre Dozon, "Lieux et non-lieux de Marc Augé", p. 16.

31 조지 마커스, 마이클 피셔, 『인류학과 문화비평』, 유철인 역, 아카넷, 2005, 5, 6장 참고. 물론 이 말이 오제가 이러한 미국 인류학의 경향에 전적으로 동조하고 있다는 의미는 아니다. 그는 『비장소』에서 뿐만 아니라, 이후에 내놓은 이론서들에서도 미국 인류학에 대해 비판적인 거리를 취하는데, 그 구체적인 입장 차이와 쟁점에 대한 평가는 별도의 논의 주제를 구성할 것이다. cf. Marc Augé, *Pour une anthropologie des mondes contemporains*, Paris, Aubier, 1994, 2장.

쓰기가 (그 자체 민족지의 대상이기도 한) 독자들과의 '대화'에 어느 정도 성공했다고 판단할 만한 근거를 제공한다. 하지만 전통적인 민족지에 대한 학술적 대안으로서 그의 스타일이 갖는 의의에 대해서는 좀 더 신중하고 균형 잡힌 평가가 필요하다.

'가까운 곳의 인류학'을 위해 오제가 구사하는 스타일은 크게 픽션적인 요소와 자전적인 요소의 활용을 주된 특징으로 삼는다. 그렇다면 이 두 요소가 민족지 쓰기에서 특히 어떤 기능을 담당하는지 엄밀히 따져보아야 할 것이다.[32] 애당초 자전적 요소와 픽션적 요소의 구분은 그 자체로 허구적인 면이 있는데, 오제가 만들어낸 픽션이 상당 부분 그 자신의 경험을 바탕으로 삼고 있기 때문이다. 예를 들어, 『비장소』 서두를 장식한 뒤퐁 씨 이야기는 저자 개인의 체험을 일정하게 각색해 서사화한 결과라 해도 별로 틀린 말이 아닐 것이다. 그렇다면 픽션적인 것과 자전적인 것의 이 정교한

32　메리맨은 오제의 저작에서 픽션적 요소가 자전적 요소와는 달리 민족지에 새로운 내용을 더해주거나 저자의 주장에 특별한 기여를 하지 않으며, 따라서 그 쓸모가 분명하지 않다고 지적한다. 한편 오베이른은 오제가 구성하는 "이론적 픽션"이 자전적 요소를 매개로, 외부 세계에 대한 정교한 기술보다는 인류학자 자신의 개인적 편견을 실어 나르는 경향이 있다고 비판한다. Merriman, "Marc Augé on space, place and non-place," pp. 20-22; Emer O'Beirne, "Marc Augé's theoretical fictions," *Romanic Review*, Vol. 101, N. 3, 2010, p. 451.

복합체는 새로운 스타일의 민족지에 어떤 효과를 생산하는 가?

일단 그와 같은 글쓰기가 갖는 미덕과 매력을 부인할 수 없다. 『비장소』의 경우, 뒤퐁 씨의 에피소드는 책 전체가 제기하는 문제를 생생하게 압축해 보여준다. 이 가상의 사업가가 고속도로에서부터 공항을 거쳐 기내에 이르는 여정을 통해 맞닥뜨리는 상황은 우리 대부분이 일상적으로 비장소에서 겪는 일들을 간결하면서도 예리하게 일깨운다. 이러한 픽션의 효용과 관련해 오래전에 『시학』에서 아리스토텔레스가 정식화한 명제를 되새겨봄 직하다. 그에 따르면, "시[비극과 서사시]는 역사보다 더 철학적이고 중요하다. 왜냐하면 시는 보편적인 것을 말하는 경향이 더 많고, 역사는 개별적인 것을 말하기 때문이다. (…) 비록 시가 등장인물들에게 고유한 이름을 붙인다 하더라도, 시가 추구하는 것은 보편적인 것이다."[33] 이렇게 보자면, 자전적인 것에 기초하든 그렇지 않든 픽션적인 것의 힘은 어떤 문제를 저자의 작의에 맞게 '보편적인' 형태로 제시하는 부분에서 돋보인다. 그에 따라, 더 많은 독자들이 새로운 문제에 공감을 가지고 몰입할 수 있는 잠재력 또한 커지기 때문이다.

그럼에도 이러한 실험적 민족지에 내재하는 위험성을 간

---

33 아리스토텔레스, 『시학』, 천병희 역, 문예출판사, 1902, 58-59쪽.

과해선 안 된다. 오제의 책들에는 뒤퐁 씨와 같은 허구의 정형화된 인물들이 상당수 등장한다. 이 인물들, 그리고 그들이 주인공인 전형적인 서사들은 실재에 대한 인류학자의 관찰, 정보원들과의 대화, 개인적인 경험 등을 픽션으로 재가공한 결과물일 터이다. 그런데 이러한 픽션은 실제 행위자들의 체험보다는 창작자의 세계관을 표출하기 쉽다. 즉 인류학적 현지조사가 문학적 변형을 거치면서 민족지 글쓰기 주체의 자기표현에 훨씬 더 가까워질 수 있다는 것이다. 문학적 픽션은 인류학자를 실제 관점들에 대한 탐구로부터 벗어나게 함으로써 민족지의 초점을 타자로부터 연구자 자신에게로 돌려놓는 면이 있다.[34] '자기의 민족학'에 대한 천명은 이러한 경향을 정당화하는 근거를 마련하는데, 문제는 하나의 '민족학적 기획'으로서 그것이 타자성을 얼마나 심층적이고 효율적으로 드러낼 수 있는지 여부에 놓일 것이다.

원칙적으로 인류학의 현지조사는 연구자가 타문화권 원주민들과 다양한 교환을 통해 모종의 의미 공유가 이루어질 때까지 이해를 교정해가는 대화 과정을 필요로 한다. 이는 다시 인류학자가 민족지 쓰기를 매개로 자문화권 독자들과 대화하는 단계로 나아간다. 그런데 이 중층적 과정은 인류학자가 민족지의 연구 대상 및 독자층과 같은 문화를 공유

---

34 O'Beirne, "Marc Augé's theoretical fictions," pp. 445-466.

하는 집단에 속할 때, 더욱이 스스로가 그 문화에 대한 최적의 정보원을 자처하며 민족지를 쓸 때 미묘한 문제들을 자아낼 수 있다. 즉 인류학적 연구의 복잡한 대화 과정이 과감히 생략되거나 연구자 중심적으로 압축됨으로써 민족지 쓰기가 인류학자 개인의 경험을 쉽게 일반화하거나 타자들에 투사하는 수준에 머물 위험성이 커지는 것이다. 게다가 픽션화는 연구자의 개별 사례와 세계관을 창작된 인물과 서사 뒤에 은폐함으로써 그러한 위험성을 인지하지 못하도록 만들 수 있다. 이와 같은 관점에서 오제가 '제1세계의 교육받은 중산층 백인남성'으로서, 또 강연과 학술회의 등을 위해 전 세계 곳곳을 돌아다니는 아카데믹 노마드academic nomad로서 갖는 정체성이 『비장소』 논의를 비롯한 그의 담론에 어떤 편향을 낳는지 눈여겨 볼 필요가 있다.[35]

사실 문학적이든 그렇지 않든 새로운 민족지가 단순히 실험을 위한 실험 이상의 의미를 지닐 수 있으려면 새로운 이론적 사유를 담아내거나 또 다른 이론적 통찰력을 자극할 수 있어야 한다. 이러한 기준에 비춰보아도 오제가 수행한 스타일 실험은 일정한 한계를 지닌다. 개인성이 점점 더 강화되어가는 초근대적 세계에서 타자들의 실천에 대한 섬세한 민족지를 주장하는 그가 정작 자신의 실제 연구 속에서

---

35   Merriman, "Marc Augé on space, place and non-place," p. 22.

는 단순한 문학적 전형들에 의존해 논리를 전개하는 자가당착에 이르기 때문이다. 동시대에 대한 오제의 인류학적 분석에서 개인적 경험의 특이성과 다원성은 사라져버리는 듯 보인다. 물론 그것이 개인의 삶을 짓누르며 어떤 유형으로 환원시켜버리는 초근대성의 구조를 효과적으로 표현하려는 저자의 의도를 반영한다고 해석할 수도 있다. 하지만 오제가 묘사하는 개인들은 그들이 처한 상황뿐만 아니라, 그것에 대한 반응에서도 획일적이고 단선적이라는 문제점을 드러낸다.[36] 『비장소』 역시 그러한 혐의로부터 자유롭지 않다. 비장소의 경험이 갖는 일반적 성격만이 도드라지게 기술될 뿐, 차이와 다양성, 일탈가능성은 전혀 언급되고 있지 않기 때문이다. 새로운 민족지가 개인들의 경험을 그 다양성과 복잡성 속에서 포착해낼 수 있으려면, 어떤 방법과 스타일이 가장 적절할 것인가? 『비장소』를 비롯한 오제의 민족지 쓰기가 보여준 학문적 성과와 대안적 가치에 대해 앞으로 우리 학계에서도 진지한 검토와 논의가 있어야 할 터이다.

---

36   O'Beirne, "Marc Augé's theoretical fictions," pp. 455-456.

*

　이미 1980년대 후반부터 전 세계적인 명성을 누리고 있는 오제는 국내에는 비교적 잘 알려져 있지 않은 저자에 속한다.[37] 그는 사회과학고등연구원 원장으로 재임 중이던 1994년 봄에 서울을 방문해 강연을 한 적이 있지만, 이후로도 그의 저작 소개는 거의 이루어지지 않았다.[38] 그의 저서가 40여 권에 달하고 최소한 15개 이상의 언어로 번역되어 있는 사실을 감안하면, 우리 학계의 놀라운 공백이 아닐 수

---

[37]　프랑스에서는 2008년 인류학 분야의 권위 있는 학술지인 『인간(L'Homme)』이 오제의 사유와 저작 전체를 검토하는 특집호 "인류학자와 동시대성: 마르크 오제에 대하여"(N. 185/186)를 낸 바 있다. 여기엔 인류학은 물론 역사학, 예술사, 종교사, 정신분석, 도시공학, 철학, 문학, 사진 등의 전문가들이 기고했다. 영미권에서는 2009년 『아일랜드 프랑스학보(Irish Journal of French Studies)』가 특집호로 "초근대성의 탐구: 맥락(들) 속의 마르크 오제"(N.9)를 낸 바 있다.

[38]　이 강연 내용은 1994년 "도시, 그리고 도시적인 것의 미발", "오늘의 세계를 보는 시각"이라는 제목으로 『불어문화권연구 (4)』에 번역, 게재되었다. 현재 국내에 나와 있는 오제의 번역본은 『비장소의 형태』(김수경 역, 동문선, 2003)가 유일하다. 국내 학계에서 오제와 그의 저작에 관한 학술적 논의는 지금까지도 제대로 이루어져 있지 않다. 예외적인 작업으로 인류학자 정헌목의 책과 논문을 들 수 있다. 오제의 비장소 개념이 공간연구에서 갖는 의의, 그리고 인류학뿐만 아니라 지리학, 미디어학, 예술비평, 비판사회이론 등 인접 학문에 미친 영향과 비판점들에 대해서는 특히 정헌목의 작업을 참고할 만하다. 정헌목, "전통적인 장소의 변화와 '비장소'의 등장 - 마르크 오제의 논의와 적용사례들을 중심으로", 『비교문화연구』, 19권 1호, 2013, 107-141쪽 및 『마르크 오제: 비장소』, 커뮤니케이션북스, 2016.

없다. 프랑스의 학술서를 번역할 수 있는 전문가들이 수적으로 여전히 부족한 현실이 아마도 가장 큰 원인으로 작용했을 것이다. 이 책을 인류학 전공자도 아닌 역자들이 감히 번역하기로 나선 것은 국내에서도 공간 문제에 대한 관심이 높아지면서 미디어/문화연구를 비롯한 여러 분야에서 비장소 개념이 활발하게 논의되는 데 반해 원전은 제대로 읽히지 않는 상황이 못내 안타까웠기 때문이다. 역자 두 사람 모두 이전에 프랑스 책들을 번역한 적이 있고 원서 분량이 별로 많지 않은 터라 그리 어렵지 않은 일일 것으로 예상하고 덤벼들었지만, 『비장소』를 우리말로 옮기는 작업은 결과적으로는 역자들에게 가장 고생스러운 번역 경험으로 남고 말았다. 무엇보다도 이 책의 문장이 유려한 만큼이나 장황하고 때로 암시적이며, 그 내용이 폭넓은 교양과 다양한 전문지식을 종종 드러내지 않은 채 참조하고 있는 탓이 컸다. 책을 이루는 장들 가운데 '장소에서 비장소로'와 '영역본 제2판 서문'은 이상길이, 나머지 부분은 이윤영이 각각 분담해 초역하였고, 번역 원고 전체를 두 역자가 제각기 원문과 일일이 대조하면서 두 번씩 교정하고 번역어를 통일하며 역주를 다는 과정을 거쳤다. 그 과정에서 영역본 역시 참고하였다. 가급적 세세한 역주로 독자들의 이해를 돕고자 했는데, 그러한 배려가 텍스트를 너무 권위적이거나 수다스럽게 만들지 않았기를 바란다. 인류학자 김현경은 고맙게도 최종

교정 단계에서 원고 전체를 검토하는 수고를 감당해주었다. 하지만 혹시라도 있을지 모르는 번역상의 오류들은 당연히 역자들의 책임이다. 모쪼록 이 책이 우리 사회의 (초)근대성과 공간 문제에 대한 비판적 인식에 중요한 영감의 원천으로 자리 잡을 수 있다면 역자들로서는 더 큰 보람이 없을 것이다.

2017년 8월

옮긴이를 대표하여

이상길

비장소

[주요 개념]

이상길

연세대학교 신문방송학과 및 동대학원을 졸업하고 파리 5대학 사회과학부에서 '미디어와 공론장의 경험'에 대한 연구로 박사학위를 받았다. 현재 연세대학교 커뮤니케이션대학원 영상커뮤니케이션 전공 교수로 재직중이다. 지은 책으로는 『상징권력과 문화』, 『아틀라스의 발』, 『책장을 번지다, 예술을 읽다』(공저), 『커뮤니케이션학의 확장』(공저), 『한국의 미디어 사회문화사』(공저) 등이 있으며, 옮긴 책으로 『랭스로 돌아가다』(디디에 에리봉), 『사회학자와 역사학자』(피에르 부르디외, 로제 샤르티에), 『성찰적 사회학으로의 초대』(피에르 부르디외, 로익 바캉), 『헤테로토피아』(미셸 푸코), 『근대의 사회적 상상』(찰스 테일러) 등이 있다.

이윤영

서울대학교 미학과 및 동대학원을 졸업하고 파리 3대학 영화학과에서 안드레이 타르코프스키 영화연구로 박사학위를 받았다. 현재 연세대학교 커뮤니케이션대학원 영화전공 교수로 재직 중이다. "Imaginaires nés des lieux hétérotopiques chez Kim Ki-duk", 「자크 타티의 〈플레이타임〉과 비장소에 대항하는 유머」 등의 논문이 있다. 『사유 속의 영화: 영화이론선집』을 엮고 옮겼으며, 『영화작품 분석의 전개(1934-2019)』(자크 오몽, 미셸 마리), 『카사블랑카』(마르크 오제), 『환송대』(크리스 마커), 『영화의 실천』(노엘 버치), 『디테일―가까이에서 본 미술사를 위하여』(다니엘 아라스) 등의 번역서가 있다.

비장소

-초근대성의 인류학 입문

1판 1쇄 펴냄 2017년 9월 25일
1판 5쇄 펴냄 2024년 10월 31일

지은이 마르크 오제
옮긴이 이상길·이윤영
펴낸이 김정호
펴낸곳 아카넷

출판등록 2000년 1월 24일(제406-2006-000012호)
주소 10881 경기도 파주시 회동길 445-3 2층
전화 031-955-9510(편집) 031-955-9514(주문)
팩스 031-955-9519

전자우편 acanet@acanet.co.kr
홈페이지 www.acanet.co.kr

ISBN 978-89-5733-571-0 94300
ISBN 978-89-5733-402-7(세트)